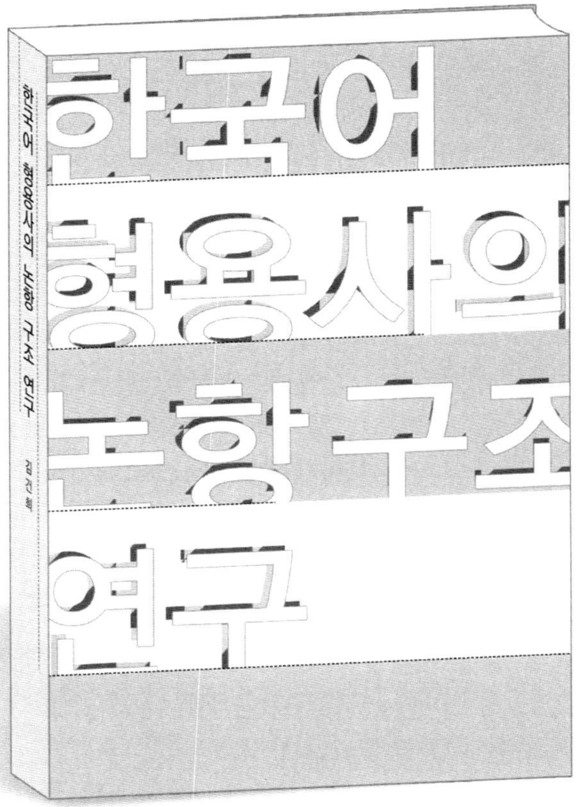

김건희

도서출판 월인

머리말

이 책에서는 형용사의 논항 구조 및 사건 구조를 고찰하여 형용사의 다층적인 상태가 다양한 논항 구조를 허용하고, 복합적인 사건 구조로 표상됨을 살펴보았다. 즉, 다층적인 상태인 형용사의 상태성(stativity)은 생성적인 의미 전이를 도출하고, 의미 전이는 논항 교체와 논항 확장의 논항 구조 변화로 구조적으로 나타나는 것이다. 논항 구조는 상적 정보를 담고 있는 것으로써 형용사의 의미 구조와 통사 구조의 상관성도 알 수 있다. 따라서 논항 구조 변화인 논항 교체와 논항 확장을 토대로 형용사를 분류하였으며, 분류된 형용사들의 의미적, 상적, 사건 구조적 특징을 살펴보았다

또한 형용사의 대표적인 통사적 특징인 주격중출 구문과 여격주어 구문에 대해서 그 논항 구조를 알아보았으며, 개별적 층위 및 장면적 층위의 술어적 특징을 보이는 성질 형용사를 중심으로 통사 구조를 도식해 보았다. 논항 구조에 대해서는 논항 위치와 두 주어 형용사 부류로 각각 나누어 논항 구조 변화가 어떤 양상을 보이는지에 대해 다음과 같이 요약할 수 있겠다.

(1) 논항 위치에 따른 논항 변화
내부 논항 - 논항 확장, 격표지 교체
외부 논항 - 의미역 교체, 격표지 교체

(2) 두 주어 형용사 부류의 논항 변화
소유주 형용사 - 논항 확장, 격표지 교체
경험주 형용사 - 의미역 교체, 격표지 교체

이러한 논항 구조 변화를 주목하는 것은 형용사의 다양한 논항 분포는 형용사문 전체의 의미와 상적, 사건 구조적 특징과 상관관계가 있기 때문이다. 분류된 형용사들이 논항 교체나 논항 확장으로 다른 유형의 형용사로 전환된 경우, 원래의 형용사와는 의미, 통사적 특징뿐만 아니라 내부적인 상적 특징에서 차이가 나고 이는 사건 구조에서 표상된다. 이러한 상적 특징과 사건 구조의 연관성을 살펴보면, 다층적인 상태의 상적 특징이 다양한 논항 체계를 허용하며 이는 복합적인 사건 구조로 드러난다. 복합적인 '상태' 사건은 원인적인 상태 사건과 결과적인 상태 사건으로 이루어져 있고, 또한 세부적인 '상태' 자질에 있어서도 다층적인 상태를 보이는 것이다. 즉 형용사의 사건 구조는 기존의 연구에서처럼 동사와 대조되는 단순한 사건 구조가 아닌 복합적인 사건 구조로도 나타남을 알 수 있었다. 사건이 단일화된 경우는 '정적', '지속적', '동질적'인 특징을 보이지만, 복합적인 사건으로 구성된 경우는 두 개의 하위 사건들이 인과적으로 연결되어, 하나의 사건이 종결되고 다른 사건이 지속된다. 따라서 사건이 변화하므로 '역동성', '종결성', '지속성'의 상적 특징을 보인다.

이 책은 본인이 2004년 12월 서울대학교 언어학과 박사학위 논문으로 제출했던 논문을 수정한 것으로 많이 부끄럽기도 하지만 기회가 닿아 이렇게 출판하게 되었다.

'형용사' 연구는 본인의 국어학 연구에서 평생 안고 가야 할 벗어날 수 없는 굴레 같다. '형용사'에 관해 박사 논문을 쓰고 의존명사,

보조용언 등 다른 범주에도 눈을 돌려 연구를 하기는 했지만 '형용사와 비대격', '다의미 형용사', '상태성' 등 끊임없이 형용사 연구로 귀착하게 되는 것은 어쩔 수 없다. 앞으로도 계속 '형용사'라는 범주를 통해 국어 문법의 형태, 통사, 의미론 분야를 연구하는 데 정진할 것이다.

오늘의 필자가 있기까지 고마운 분들이 많다. 학부 때부터 지도교수이신 권재일 선생님께서는 항상 넘치는 사랑으로 챙겨주시고, 힘들 때마다 흔들리지 않고 학문에 정진할 수 있도록 도와주셨다.

서울대 언어학과의 김주원, 남승호, 신효필, 이호영, 전종호 선생님, 박사후연수과정의 지도교수이신 KAIST의 시정곤 선생님, 충남대학교의 이선웅 선생님, 언어학과 선배님이신 고동호, 김선철, 목정수, 박철우, 송재목, 신용권, 이상직, 이향천 선생님, 하세경, 박소영, 최운호, 유현조 선배님 등 항상 도와주셔서 신세를 지고 있는 고마운 분들이다.

마지막으로 아내로서 엄마로서 부족한 사람을 잘 이해해 주는 사랑하는 가족, 남편 박정우, 아들 박재인에게 이 책을 바친다.

차례

제1장 서론

1.1. 연구의 목적

이 논문의 목적은 형용사의 형태 및 통사적 특징을 알아보고, 형용사의 다층적인 상태가 다양한 논항 구조를 허용하고, 복합적인 사건 구조로 표상될 수 있음을 밝히는 것이다. 따라서 다층적인 상태인 형용사의 상태성(stativity)은 생성적인 의미 전이를 도출하고, 의미 전이는 논항 교체와 논항 확장의 논항 구조 변화로 구조적으로 나타남을 고찰하겠다. 이로써 형용사의 의미 구조와 통사 구조의 상관성을 관찰할 수 있다.

한국어에서 형용사는 같은 술어부에 속하는 동사에 비해 과거에는 연구가 활발하게 이루어지지 않았다. 그 이유에 대해서는 형용사의 형태 및 통사적인 특징과 의미적인 특징으로 각각 나누어 생각해 볼 수 있다.

첫째 형태 및 통사적인 측면에서 살펴보자면, 형용사는 동사와 마찬가지로 문장의 술어로 통사적으로 서술의 기능을 하고 있다. 또한 형태적인 측면에서 수식의 기능을 담당하는 관형사형 어미, 부사형

어미는 물론 동사보다는 많이 제한되지만 서술의 기능을 담당하는 종결어미와 이론적으로 결합할 수 있다는 것은 동사와 대등한 것이다. 따라서 형용사가 기본적으로 동사처럼 활용하므로, 형용사의 어미 활용에 대해서는 동사의 어미 활용을 바탕으로 제한적인 활용을 하는 형용사의 예를 제시하면 되었다. 또한 범언어적으로 형용사의 두드러진 특징으로 보는 수식(attributive)의 기능이 관형사형 형태소의 첨가로 이루어지는데, 이는 동사와 같은 양상인 것이다. 이와 같이 표면적으로 나타나는 동사와의 유사한 형태, 통사적 특징은 형용사 연구를 등한시하게 하였다. 다만 1.2에서 자세히 살펴보겠지만, 최근에 들어서 형용사 유형 분류 연구, 개별 유형 형용사 연구, 언어유형론적 형용사 연구가 비교적 이루어지고 있다.

둘째 의미적 측면에서 살펴보자면, 특히 주목할 만한 것은 상적인 특징이다. 일반적으로 형용사는 상(aspect)의 4가지 의미 유형 중 '상태(state)'로 내부적으로 단일한 사건 구조를 지니는 것으로 간주해 왔다. 그러나 형용사의 상태는 다층적인 상태로 여러 유형의 논항 결합을 허용하고, 하위 사건들이 결합된 복합적인 사건 구조에서 서로 달리 표상된다. 즉, 다양한 논항 구조와 복합적인 사건 구조의 다면적인 내부 구조를 가진 것이다.

이상에서 살펴본 것과 같이, 형태, 통사적인 측면에서는 동사와 비슷하므로 과거에는 형용사 연구가 크게 주목받지 못했다. 또한 의미적 측면에서는 동사와 대조적으로 단면적인 내부 구조를 지니는 것으로만 간주되어 더 나아간 논의가 이루어지지 못했다.

본 논문은 형용사의 형태 및 통사적 특징을 알아보고, 의미 전이가 나타나는 논항 교체와 논항 확장의 논항 구조 변화를 기준으로 형용사를 분류하며, 분류된 형용사들의 상적 특징 및 사건 구조를 고찰하겠다.

형용사의 분류에 대해서 형용사가 취하는 다양한 논항 분포를 고려함으로써 단순히 형용사 자체의 의미 기준에 지나치게 의존했던 기존의 분류와는 달리 형용사의 논항 구조를 중심으로 의미적 기준과 절충한 기준을 세워 형용사를 분류해 본다. 또한 형용사의 복합적인 사건 구조를 개별적 층위(individual level) 및 장면적 층위(stage level) 술어적 관점에서도 살펴보겠고, 주격중출 구문과 여격주어 구문에 대해서도 고찰하겠다.

1.2. 선행 연구 검토

한국어 형용사의 선행 연구는 크게 네 부류로 나누어 볼 수 있다. 첫째는, 형용사 유형 분류에 관한 연구로 의미를 중심으로 한 전통적인 분류와 격틀과 의미역의 의미, 통사 구조를 중심으로 한 최근의 분류로 나누어 볼 수 있겠다. 둘째는 '-롭-', '-답-', '-스럽-', '-하-' 등의 형용사 파생 접미사에 초점을 맞춘 형태적 연구이다. 셋째는 통사적 특징이나, 상적 특징에 초점을 맞춘 연구이다. 넷째는 유형 분류된 개별 형용사들에 대한 집중적인 논의를 한 것으로, '감각 형용사', '대칭 형용사', '심리 형용사' 등의 개별 형용사에 대한 연구가 있다. 특히 '심리 형용사'에 대한 연구는 전체 형용사 연구에 큰 영향을 끼쳤다.

본문에서도 개별적인 선행 연구에 대한 논의를 하겠지만, 형용사 연구의 큰 틀이 되는 논의를 간략하게 검토하겠다. 먼저, 가장 많이 이루어진 형용사의 분류에 관한 연구를 살펴보면 다음과 같다.

최현배(1937)에서는 형용사를 '일과 몬의 바탈(性質)과 모양(狀態)과 있음(存在)의 어떠함을 그리어 내는 씨(풀이씨)'라고 형용사의 정의를 내렸다. 그리고 형용사를 '속겉그림씨', '있음 그림씨', '견줌 그림씨', '셈숱 그림씨', '가리킴 그림씨'로 나누었는데, 대부분의 형용사가 속겉그림씨에 속한다. 속겉그림씨는 크게 '감각적, 정의적'으로 나누고, 감각적 부류를 다시 '시각적, 미각적, 청각적, 후각적, 촉각적, 평형감각적, 유기감각적, 시·공간 감각적'으로 나누고 있다. 최현배의 연구는 위와 같은 의미 분류뿐만 아니라 전체적으로 형용사 연구의 토대를 마련해 주었다. 따라서 오늘날까지 형용사 연구에서 빼놓지 않고 언급되는 중요한 연구이다. 본문에서도 자세히 언급하겠다.

형용사의 의미 분류에 관한 연구는 최현배 이후 꾸준히 이어져 최근의 연구로는 신순자(2000)가 있다. 신순자(2000)에서는 형용사는 의미 전이가 나타나므로 의미를 중심으로 한 기존 형용사 분류의 불완전성에 대해 언급하였다. 따라서 '핵의미'라는 형용사가 가지는 대표적인 의미를 기준으로 분류해야 한다고 하였다.

다음으로 형용사의 분류에 관한 최근의 연구는 격틀과 의미역을 기준으로 논항 정보와 통사 구조를 연계하려는 것이다. 이들 연구는 주로 개별 형용사인 '심리 형용사'에 관한 분류 기준을 제시하였다. 남지순(1993)에서는 다음과 같은 심리 형용사의 격틀을 제시하고 있다.

(1) 보문0 N1-에 A = N1 보문0-로 A

심리 형용사에 대해 '보문 논항에 의해서 유발되어 인물명사 N1에 의해 경험되는 심리적 상태를 표상한다'고 정의하였으며, 이 유형의 형용사 구조에 규칙적으로 대응시킬 수 있는 두 가지 유형의 동사 구문 구조를 아래와 같이 제시하였다.

(2) a. N1 보문0-를 A-어 하다
b. 보문0 N1-를 A-게 (하다 + 만들다)

김세중(1994)에서는 속성 형용사와 심리 형용사의 구분에 유의하면서 '-어 하다' 부착에 의한 심리 형용사의 개념 구조 및 논항 구조상의 변화에 주목하였다. 특히, 논항의 수에 따른 심리 형용사의 분류를 시도하여, 1항 및 2항 심리 형용사를 구분하였고, 보문의 유형(-것, -지, -ㄹ까, -기)에 따라 2항 심리 형용사를 다양하게 분류하기도 하였다.

유현경(1998)에서는 2,463개의 형용사에 대하여 통사, 의미론적인 측면에서 접근하고 있으며, 특히 개별 격틀 및 문법적인 정보와 의미를 바탕으로 형용사의 유형을 분류하고 그 특성을 밝히고 있다. 형용사를 크게 주어의 의미역이 경험주(experiencer)일 때는 주관 형용사로, 대상(theme)이나 처소(location)일 때는 객관 형용사의 두 부류로 분류하고 있다. 예를 들어 심리 형용사는 '특정한 대상에 관한 심리 상태를 드러내는 대상 심리 형용사'와 '어떠한 원인이 경험주의 심리 상태를 유발하는 원인 심리 형용사'로 크게 나누고 있다. 제시된 심리 형용사의 격틀은 다음과 같다.

(3) a. 대상 심리 형용사 : NP1-가 NP2-가 A
나는 집에 혼자 남아있기가 무서웠다.

b. 원인 심리 형용사 : NP1-가 (NP2-가) A
(경험주는 둘 다 'NP-에게'나 'NP-는'의 형태로 나타난다)
나는 그가 한국을 떠난다는 사실이 섭섭하였다.

이 연구에서는 남지순(1993)에서의 평가 형용사를 대상 심리 형용사로, 심리 형용사를 원인 심리 형용사로 보았다. 이 연구는 말뭉치 언어학의 방법론으로 광범위한 형용사 용례를 토대로 형용사들을 분류하고 있으며, 다양한 형용사 유형들의 통사, 의미적인 특징을 전반적으로 자세히 보여주었다는 점에 의의를 둘 수 있다.

김정남(1998)에서는 국어 형용사의 형태론적 특징과 의미, 화용론적 특징, 통사론적 특징 등 형용사 전반에 대하여 고찰하였다. 특히, 주목할 만한 논의는 의미론적 하위 부류와 기본 문형들과의 상관관계에 대하여 고찰한 것이다. 즉, 의미론적 분류에 따른 형용사 부류들이 어떠한 기본 문형의 틀에 적용되어 문장을 형성하는지 살펴보았다. '감각, 정서, 성질, 형상, 수량, 빈도, 기타상태, 감평, 정평, 이평, 태도, 소재, 소유, 분포, 비교, 지정'의 의미 부류를 크게는 1가 형용사 문형과 2가 형용사 문형으로 나뉘어진 기본 문형들에 대응시켜 고찰하여, 의미 화용론적 특징과 통사적 특징의 상관관계를 적극적으로 고찰하였다.

둘째, 형용사의 형태적인 특징에 대한 연구이다. '-롭-, -답-, -스럽-, -하-' 등의 다양한 형용사 파생 접사들에 대한 통시적인 연구까지 포함하는 형태적 측면에서의 포괄적 연구가 있다. 이 연구는 초기 형용사 연구에 대한 시발점이 되는 연구이지만 주로 각각의 파생 접미사에 선행하는 어근의 품사 및 의미 연구에 치우치고 있다. 대표적인 연구로는 이익섭(1978), 김창섭(1984), 윤동원(1986), 김현(1998) 등이 있다.

최근에는 고재설(1999a)에서 앞선 연구와는 다른 관점으로 형태적인 특징에 대한 연구를 하였다. 이를 살펴보면 다음과 같다. 동사와 형용사에서 모두 생산적인 '-하다'에 대하여 어휘적 의미와 논항 구조를 비교하였다. 동사 '-하다'는 자동사와 타동사가 각각 대상역과 행위자역 및 대상역의 논항 구조를 보이고 어휘적 의미는 행위성을 가지는 것으로 보았다. 형용사 '-하다'는 대상역의 논항 구조를 보이고 어휘적 의미는 상태성을 가지는 것으로 보았다. 즉, 초기의 연구들이 '-하다'에 선행하는 어근의 품사 및 의미 연구에 치우쳤다면, 이 연구는 '-하다' 로 구성되는 형용사들의 품사는 '-하다'에 의해 결정되는 것으로 보는 논의를 진행하였다.

셋째, 형용사의 통사적 특징에 주목한 연구는 김영희(1977, 1978)로 형태적 연구에 치우친 당시의 연구와는 달리 형용사의 관형적인 용법과 부사적인 용법에 대한 연구를 하고 있으며, 형용사의 겹주어 구문, 소위 주격 중출문에 대한 연구를 하는 등 새로운 관점에서 형용사 연구를 하였다.

다음으로 상적 특징의 관점에서 형용사를 고찰한 선행 연구들은 주로 심리 동사를 다루고 있지만, 이를 통하여 심리 형용사의 상적 특징도 관찰할 수 있다. 심리동사를 사건(event)의 관점에서 연구한 이정민(1994), 심리동사가 보이는 상적 특징을 논의한 이익환(1994)이 있다. 또한 형용사의 통사적 구조에 주목하여, 이탈리아어, 영어의 심리동사들과 한국어 심리동사의 통사적인 구조적 특징을 밝히고 있는 김영화(1991) 등이 있다.

이정민(1994)에서는 심리술어의 상에 관한 접근으로 심리동사가 사건(event)을 이루며, 심리 상태 사건의 시작, 지속 및 끝이 어떻게 되는지에 대하여 다양한 상적 테스트를 통하여 논의하였다. 또한 '-어 하다'를 붙여 심리 동사화하는 경우와 완성 동사가 심리 동사화하는 경우를 한국어, 영어의 예를 들어 고찰하였다.

이익환(1994)에서는 심리동사가 보이는 상적(aspectual) 특징을 논의한 것으로 일반적으로 4가지로 분류되는 상의 부류(행위: activity, 완수: accomplishment, 상태: state, 달성: achievement)와 심리 동사를 각각 비교하였다. 이러한 상적 동사 부류 중 달성 동사가 심리 동사와 가장 유사함을 관찰하였다. 또한 한국어에서 상적 특징에 근거하여 동사를 분류하는 경우, 기존의 네 부류의 동사에 더하여 심리 동사 부류를 인정하는 것이 타당하다고 하였다.

김영화(1991)에서는 이탈리아어, 영어의 심리 동사들과 비교하여 한국어 심리 동사의 통사적인 구조적 특징을 밝히고 있다. 경험주-주어 술어는 단문 구조를 이루는 반면, 경험주-목적어 술어는 복문 구조를 이룬다고 하였다. 또한 한국어 심리 동사는 경험주-주어 술어로서 소위 경험주-목적어 술어들은 사동 형태소 '-게 하-'와 함께 사동문을 구성한다고 보았다. 이때 '-게 하-'는 독립적인 동사 형태소의 기능을 하며 원인(cause)을 주어 위치로 외재화하고(externalization), 경험주에는 여격(dative)을 부여한다.

1.3. 연구 방법 및 범위

이 논문에서 다루는 형용사들은 21세기 세종계획 전자사전 용언 분과에서 2002년도까지 기술한 형용사이다. 1998년부터 2002년까지 기술한 형용사 목록 수는 1,827개이다.[1] 핵심적인 형용사는 대부분

1) 이러한 목록 선정 과정에 대해서 세종계획 전자사전 용언 분과에서는 다음과 같이 밝히고 있다. 1998년부터 2001년까지 4개년 동안 기술되었던 세종 전자사전 용언분과의 용언들의 경우, 실제 언어 자료에서의 용언의 출현 빈도를 기술 목록 선정의 가장 중요한 기준으로 삼아서 최근 한국어의 각종 어휘들의 말뭉치 내 출현 빈도를 품사에 따라 조사한 강범모·김흥규(2000)를 이용하여, 여기에서 동사의 경우 5,000회, 형용사의 경우 3,000회 이상 출현한 용언들을 기술의 대상으로 삼았다. 또한, 2002년도의 경우 용언 기술 어휘의 선정 기준은 확장목록에 있는 어휘 중에서 우선 강범모·김흥규(2000)에서 동사의 경우 3,000회, 형용사의 경우 1,000회 이상 출현한 용언들과 연세 한국어사전과 표준국어대사전, 그리고 국립국어연구원에서 기술한 국어사전에 기술

이 안에 포함된 것으로 생각되어 2002년도까지만 연구 대상으로 삼았다. 문화관광부, 국립국어연구원(2002), '21세기 세종계획 균형말뭉치'의 구어 및 문어 말뭉치와 21세기 세종계획 전자사전개발 용언분과에서 2002년까지 기술한 형용사 원고를 참조하였다. 또한 국립 국어 연구원(2001)의 '주요 어휘 용례 수집 -형용사편 I, II-'을 대상으로 하여 이러한 형용사가 쓰인 문장의 실제 용례를 조사하였다.

이 논문에서는 형용사를 크게 두 부류로 나눈다. 어떤 형용사적 의미[2]를 소유한 소유주(Possesor)를 주어로 취하는 형용사와 어떤 형용사적 의미를 경험하는 상태의 경험주를 주어로 취하는 형용사로 나눈다. 소유주를 취하는 형용사는 소유주 주어의 성질을 나타내고, 경험주를 취하는 형용사는 경험주가 경험하는 상태를 나타낸다.

형용사문에서 원인이나 대상 논항 등 다른 논항들도 표면적으로는 주어로 나타난다. 2장에서 자세히 논의하겠지만, 이러한 논항들이 본래적인 주어성을 나타내지는 않음을 알 수 있다. 따라서 형용사문의 진정한 주어가 될 수 있는 논항은 경험주나 소유주인 것이기 때문에 크게 경험주 혹은 소유주 주어를 취하는 두 부류로 나눈 것이다.

경험주 주어 형용사는 심리 형용사, 감각 형용사로 나누고, 소유주 주어 형용사는 인간의 성격적 특성을 논하는 성질 형용사, 사물의 성질이나 상태를 객관적으로 나타내는 형상 형용사, 사물의 성질이

되어 있는 어휘는 총망라하는 것으로 기준을 삼았다(문화관광부, 국립국어연구원(2002) 참조).

2) 형용사적 의미란 동사나 명사가 아닌 형용사로 실현되는 의미를 말하는 것으로, 형용사의 원형적인 의미라고 볼 수 있다. 언어유형론적 연구에서 Dixon (1977)은 형용사의 원형적(prototype)인 의미 부류들을 다음과 같이 제시했다.

DIMENSION, PHYSICAL PROPERTY, COLOUR, HUMAN PREPENSITY, AGE, VALUE, SPEED, SIMILARITY, DIFFICULTY, QUALIFICATION

이 원형적 의미 부류가 한국어 형용사에서 얼마나 체계적으로 나타나며, 한국어 고유 형용사를 포괄할 수 있는지에 대해서는 후일 논의하기로 하겠다.

나 상태를 주관적으로 평가하는 평가 형용사로 크게 나눈다. 경험주 주어 형용사들과는 달리 소유주 주어 형용사들은 다시 다양하게 세분화된다.

경험주를 주어로 취하는 경험주 계열 형용사들은 고유 의미[3]를 기준으로 심리, 감각 형용사로 나뉜다. 이 계열 형용사들에서는 의미역 교체와 격표지 교체라는 논항 구조 변화가 나타나며, 이러한 논항 구조에서 형용사의 다층적인 상태 및 복합적인 사건 구조를 확인할 수 있다.

소유주를 주어로 취하는 소유주 계열의 형용사들도 형용사 자체의 고유 의미를 기준으로 크게 성질, 형상, 평가 형용사로 나뉜다. 그러나 성질, 형상 형용사는 실제 문장에서 실현될 때, 고유 의미와는 다른 의미 변화, 곧 의미 전이를 보이는데 이는 논항 확장의 논항 구조 변화에서 확인된다. 따라서 성질, 형상 형용사는 평가 형용사로의 전환이 이루어지는 것으로 보았는데, 이러한 전환의 원동력은 다층적인 상태인 형용사의 상태성(stativity)인 것이다.

6장에서는 이처럼 성질, 형상 형용사가 평가 형용사로 전환되는 것으로 보고, 기본 유형의 형용사와 어떤 의미적, 상적, 사건 구조적 차이를 가지고 있는지 중점적으로 고찰하겠다.

형용사가 취하는 논항의 다양한 분포, 즉, 논항 교체와 논항 확장

---

3) 이 논문의 고유 의미는 형용사의 의미적 분류를 한 신순자(2000)에서의 핵의미와 비슷하다. 신순자(2000)에서는 형용사는 그 자체에 많은 비유적 요소를 가지며 어휘 의미에 있어서도 중의적이고 또한 어휘들끼리 유의성이 많아서 타 영역으로 전이될 가능성 때문에 그 구분에 어려움이 많다고 하였다. 따라서 이러한 문제점은 각 어휘의 핵의미를 기준으로 하여 분류하면 된다고 하였다. 이러한 논의는 형용사의 의미 전이에 주목했다는 점에 의의가 있다. 그러나 신순자(2000)의 논의에서는 형용사의 기본 문형, 즉 주어 하나만 나타나는 경우를 논의 대상으로 하여 형용사 자체의 의미만을 기준으로 고찰한 점이 논항 교체와 논항 확장에 주목한 본 논의와 차이가 있다.

에 대한 폭넓은 고찰로 형용사의 다층적인 상태를 확인할 수 있었고, 이는 또한 복합적인 사건 구조로 표상된다. 즉, 형용사의 논항 구조는 의미적, 상적, 사건 구조와 밀접한 상관관계를 가진다. 뒤에 가서 자세히 살펴보겠지만, 여기에서 이 논문에서의 형용사의 논항 구조 변화에 대한 분류를 간단히 살펴보면 다음과 같다.

논항 구조 변화는 크게 논항 확장과 논항 교체로 나뉜다. 논항 확장은 새로운 내부 논항의 첨가로 이루어지는 것이며, 논항 교체는 동일한 술어가 취하는 논항이 바뀌는 것으로, '격표지 교체, 의미역 교체'의 두 부류로 나뉜다.

내부 논항들은 논항 확장에 의해 풍부해지며 격표지 교체가 나타난다. 외부 논항들은 의미역 교체, 격표지 교체가 나타난다. 경험주 주어 형용사는 의미역 교체와 격표지 교체가 나타나고, 소유주 주어 형용사는 논항 확장과 격표지 교체가 나타난다.

소유주를 주어로 취하는 형용사는 단순히 소유주만을 취하여 고유 의미를 나타내기도 하고, 소유주인 외부논항과 내부 논항이 교체되며, 새로운 내부 논항을 취하면서 고유 의미에서 의미 전이가 이루어지는 것을 확인할 수 있다.

이와 같은 논의의 토대는 형용사의 다층적인 상태를 밝히고, 형용사의 사건 구조는 단일한 사건 구조가 아니라, 복합적인 사건 구조로 표상됨을 보이려는 것이다. 즉, 형용사의 사건 구조는 상태(state)를 나타내는 단일한 구조가 아니라 상태의 하위 사건들로 구성된 복합적인 구조인 것이다.

본 논문에서 형용사의 상적 특징과 복합적인 사건 구조는 기존의 형용사의 상적 특징인 상태성(stativity)에 대한 재고찰을 요구한다. 4, 5, 6장을 통하여 이러한 상적 특징을 나타낼 수 있는 논항의 다양한 결합, 부사의 수식, 보조 용언 등을 토대로 논의하겠다. 나아가 형용사의 다양한 논항 구조와 복합적인 사건 구조의 다면적인 내부 구조를 포괄할 수 있는 확대된 통사 구조를 도식해 보고, 형용사의 대표적인 통사적 특징인 주격중출 구문과 여격주어 구문에 대해서도 살펴보겠다. 또한 심리 형용사와 소유 및 소재를 나타내는 '있다'를 중심으로 주격중출 구문과 여격주어 구문의 논항 교체 현상에 대해서도 다양한 측면에서 설명하겠다.

1.4. 논의의 구성

본 논문의 구성은 다음과 같다. 2장에서는 형용사 예문을 중심으로 유형 분류 기준 및 방법에 대해 논의한다. 또한 분류 기준이 된 형용사의 주어에 대해 정의해 보고, 어떤 논항이 형용사의 본래적인 주어성을 가지는지 알아본다. 곧 주격이 두 개의 논항에 나타난 주격중출 구문과 경험주와 소유주 논항이 여격 '-에게'를 취한 여격주어 구문을 중심으로 다양한 통사적 기제들로 주어 여부를 검증해 본다.

3장에서는 형용사의 형태적 특징과 통사적 특징을 살펴본다. 형태적 특징에서는 형용사의 구성과 파생, 수식어를 중심으로 한 활용에 대해서 고찰한다. 이러한 형태적 특징들을 중심으로 언어유형론적 분류 기준을 마련하여 일본어, 터키어, 몽골어와 비교, 대조해 본다. 통사 특징에서는 주격중출 구문과 여격주어 구문의 논항 구조에 대하여 논의한다. 또한 형용사구(AP)에 대한 통사적인 논의를 한 Stowell (1991)을 먼저 검토하고, Chomsky(1995), Bennis(2000)의 논의를 소개하며 이를 토대로 형용사의 논항 구조 변화를 포괄할 수 있는 형용사의 통사 구조를 도식한다.

4장에서는 5, 6장의 개별 형용사들에 대한 논항 구조와 상적 특징

고찰에 앞서, 이러한 개별 형용사들의 의미적, 상적, 사건 구조적 특징을 표면적으로 드러내는 논항 교체와 논항 확장의 논항 구조 변화에 대해 알아본다. 또한 상적 특징 및 사건 구조에 대해서도 논의한다.

5장과 6장에서는 개별 형용사들의 기본 논항 구조와 논항 구조 변화를 고찰하고, 그 의미적, 상적, 사건 구조적 차이를 알아본다. 5장에서는 경험주 계열 형용사인 심리 형용사와 감각 형용사에 대하여 살펴본다. 그동안 많이 연구되었던 개별 형용사인 심리 형용사에 대하여 특히, 생성 어휘부 이론 모델에 의해 그 어휘 의미 구조를 조명해 보고, 논항 교체 유형들의 '중점'에 대해서도 논의한다.

6장에서는 소유주 계열의 형용사들인 형상 형용사, 성질 형용사, 평가 형용사에 대하여 살펴보고 특히 이 계열의 형용사들이 개별적 층위 술어에서 장면적 층위 술어로 전환되는 것에 대해서도 알아본다. 즉, 개별적 층위와 장면적 층위 형용사의 특성 및 차이점을 논의하고, 장면적 층위에서 형용사 논항의 의미 역할과 통사적 위치를 연결시키는 논항의 특징에 대하여 깊이 있게 고찰한다.

7장에서는 형용사의 두드러진 통사적 현상인 주격중출과 여격주어 구문이 교체되는 논항 구조를 살펴보고, 두 구문의 관계와 통사적 특징에 대해 알아본다. 또한 심리 형용사와 소유 및 소재를 나타내는 '있다'를 중심으로 논항 교체 현상에 대해서 두 구문의 관계를 다양한 기제로 설명해 보겠다.

제2장 형용사의 유형 분류

2.1. 형용사의 분류 기준과 방법

형용사의 연구에서 형용사 분류에 대한 논의는 최현배(1937)에서와 같은 초기의 논의부터 최근까지 꾸준히 이어져 오고 있다. 대부분의 분류 기준은 형용사 자체의 의미를 기준으로 한 것이지만 최근의 논의에서는 격틀과 의미역과 같은 문장 차원에서의 새로운 분류 기준을 제시하고 있다(남지순(1993), 김세중(1994), 유현경(1998) 참조).

이 논문은 선행 연구에서 꾸준히 진행되어온 '형용사 의미'의 기준과 논항 교체 및 논항 확장이라는 '논항 구조 변화'의 기준을 절충하여 형용사를 분류하고자 한다. 형용사 유형 분류의 전제는 형용사의 다층적인 상태가 의미 전이를 도출하고, 이러한 의미 전이는 논항 교체와 논항 확장의 논항 구조 변화로 구조적으로 나타난다는 것이다.

형용사의 분류 기준 및 방법을 살펴보면 다음과 같다. 형용사를 주어 논항의 의미역을 기준으로 일차적으로 분류한다. 즉, 경험주를 주어로 하는 형용사와 소유주를 주어로 하는 형용사 두 부류로 나눈

다. 주어의 일반적인 격틀인 '명사구-이|가'에는 다양한 의미역이 올 수 있다.[1] 원인이나 대상 논항 등 다른 논항들도 표면적으로는 주어로 나타날 수 있다. 그러나 앞으로 자세히 논의하겠지만, 주어에 대한 정의 및 주어성을 검증하는 여러 통사적 기제들로 살펴보면, 본래적인 주어성을 나타내지는 않음을 알 수 있다. 따라서 형용사문의 진정한 주어가 될 수 있는 논항의 의미역은 경험주나 소유주이기 때문에 크게 경험주 혹은 소유주 주어를 취하는 두 부류로 나눈 것이다. 다음 장에서 이것에 대해서 자세히 논의하겠다.

선행 연구에서는 형용사 자체의 고유 의미를 중심으로 형용사를 분류했으나, 형용사는 술어가 가지는 고유 의미에서 의미 전이가 이루어진다. 따라서 의미를 기준으로 한 분류는 불완전하다. 또한 형용사의 의미 전이는 논항 교체와 논항 확장의 논항 구조 변화로 구조적으로 나타나며, 이를 통하여 형용사의 의미적, 상적, 사건 구조적 특징도 고찰할 수 있다.

이 논문에서는 일차적으로 술어의 의미가 아닌 주어를 기준으로 크게 두 부류로 나눈다. 주어 논항의 의미역을 중심으로 경험주 계열 형용사와 소유주 계열 형용사로 일차적으로 분류한다. 다시 형용사의 고유 의미를 기준으로 경험주 계열은 감각, 심리 형용사, 소유주 계열은 성질, 형상, 평가 형용사로 이차 분류된다. 특히, 이차 분류된 소유주 주어의 개별 형용사들은 의미 전이와 함께 논항 교체와 논항 확장을 보이며 다른 개별 형용사로 전환된다. 논항 구조에서 기본 문형을 설정하고, 논항 구조 변화로 기본 문형에서 확장된 문

---

1) 도원영(2000)에서는 9개의 의미 자질을 추출하고 자질의 복합체인 9개의 의미역을 설정하기도 하였다.
의미 자질: 상태성, 주관성, 양보성, 감지성, 신체성, 원인성, 비교성, 기준성, 처소성
의미역: 판단자, 감각체, 감각주, 원인, 감정주, 기준, 비교 대상, 장소, 대상

형들이 나타나는 것으로 보았다.

이차 분류에서 개별 형용사들은 심리 형용사와 같은 경우 선행 연구의 심리 형용사와 그 외연적 범위가 대체적으로 같지만, 성질 형용사, 형상 형용사, 평가 형용사는 선행 연구에서 분류된 형용사들보다 외연적 범위가 훨씬 크다.

형상 형용사와 같은 경우, 기존의 의미 분류의 '성상, 빈도, 수량, 분포, 비교' 형용사 등을 포괄하며, 성질 형용사는 '태도' 형용사와 '성상' 형용사의 일부를 포괄한다(김정남(1998), 유현경(1998), 신순자(2000) 참조). 평가 형용사는 '무가치하다, 거짓되다, 깜쪽같다'와 같이 술어 의미 자체로 '평가', '판단'의 의미를 가진 경우도 포함하지만, 이 논문에서는 비교 대상, 비교 영역, 이유 논항, 영향 대상 등의 논항 확장과 더불어 성질 형용사 및 형상 형용사가 소유주의 성질에 대한 판단 및 주관적인 인식을 명확하게 나타내는 의미 전이에 의해 평가 형용사로 전환되는 것에 주목한다.

1,827개의 형용사들을(동형어 포함) 유형 분류해 본 실제 결과를 살펴보면,

먼저, 소유주 계열 형용사들의 경우는 다음과 같다. 형상 형용사에서 평가 형용사로 전환되는 형상 형용사가 896개(49%)였고, 이를 '형상(평가) 형용사'로 표시한다. 형상 형용사나 성질 형용사가 전환된 것이 아닌, 순수한 평가 형용사가 463개(25%)로 비교적 많이 나타났고, 이를 '순수 평가 형용사'로 표시한다. 성질 형용사에서 평가 형용사로 전환되는 성질 형용사가 202개(11%)였고, 이를 '성질(평가) 형용사'로 표시한다. 또한 평가 형용사로 전환되지 않는 순수한 형상 형용사가 35개(2%)였고, 이를 '순수 형상 형용사'로 표시한다. 이러한 순수 형상 형용사는 주로 색채, 모양 등을 나타내는 형용사들이었다.

다음으로 경험주 계열 형용사들을 살펴보면, 심리 형용사가 203개(11%), 감각 형용사 28개(2%)이었다. 경험주 계열 형용사들은 전체 형용사의 13%로 비교적 적었다. 이와 같은 형용사의 분류를 도식하면 다음과 같다.

(1) 형용사의 분류

1차 분류 　　2차 분류

〈주어〉 　　〈고유 의미〉 　　〈문장 실현〉

경험주 　　감각

　　심리

소유주

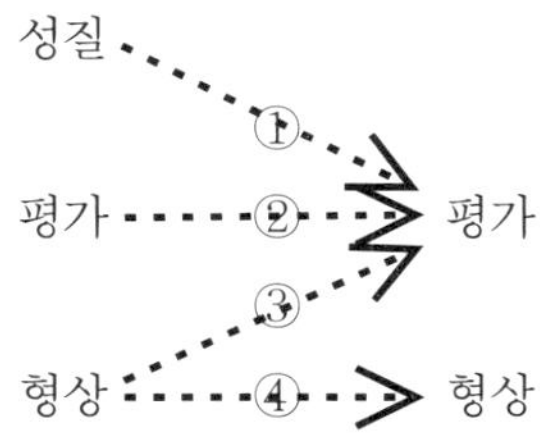

①=성질(평가) ②=순수 평가 ③=형상(평가) ④=순수 형상

또한 위 분류를 계량적으로 표로 보이면 다음과 같다.

(2)

1차 분류	2차 분류	3차 분류
경험주 계열	감각 28개(2%)	없음
	심리 203개(11%)	
소유주 계열	성질	성질(평가)-202개(11%)
	평가	순수 평가-463개(25%) 형상(평가)-896개(49%)
	형상	순수 형상-35개(2%)

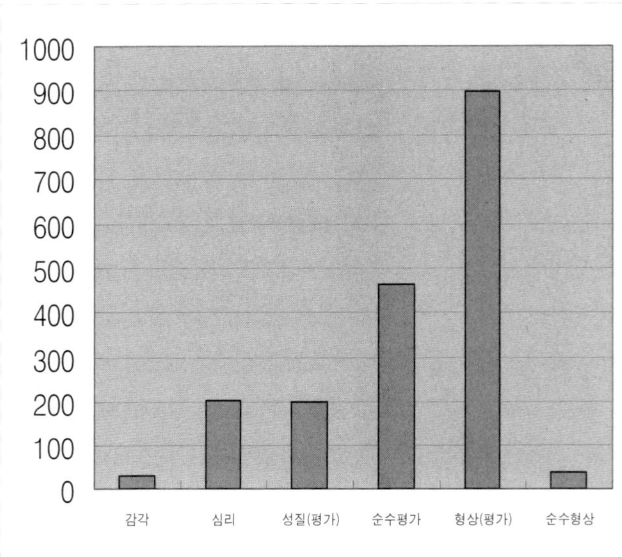

위 분류를 살펴보면, 특히 주목할 만한 것이 소유주 계열 형용사이다. 소유주 계열 형용사는 고유 의미를 중심으로 성질 형용사와 평가 형용사, 형상 형용사로 나뉜다. 다음으로 소유주 계열 형용사들은 문장에서 실현될 때 논항 구조 변화와 의미 전이가 나타난다. 따라서 이러한 의미적, 통사적 측면에서의 변화로 형용사의 범주 변화가 생기는 것으로 보았다. 즉, 성질 형용사들은 평가 형용사로 전환된 '성질(평가) 형용사'가 되며, 형상 형용사들도 평가 형용사로 전환된 '형상(평가) 형용사'가 된다.

성질 형용사는 개별적 층위와 장면적 층위 술어의 관점에서 고찰할 수 있다. 개별적 층위의 성질 형용사는 순수 성질 형용사로 범주 전환이 이루어지지 않지만, 장면적 층위의 성질 형용사는 모두 평가 형용사로 전환되는 것이다. 따라서 개별적 층위 술어와 논항 구조 변화로 장면적 층위 술어의 성격을 모두 갖는 성질 형용사는 모두 평가 형용사로 전환될 수 있지만, 형상 형용사는 그렇지 않은 부류도 있다. 이를 '형상(평가) 형용사'와 구별하기 위해 '순수 형상 형용사'로 표시했다.

평가 형용사는 이처럼 성질, 형상 형용사에서 전환된 부류와 문장에서 실현될 때, 어휘 자체의 의미상 평가로 쓰이는 두 부류로 나누어지는데, 후자를 '성질(평가) 형용사', '형상(평가) 형용사'와 구별하기 위해 '순수 평가 형용사'라고 표시했다.

다음 2.1.1.절부터 제시할 분류된 형용사 격틀의 논항들은 필수 논항은 물론 준필수 논항들이다. 다만 준필수 논항과 논항 구조에 제시되지 않는 부가 논항에 대한 고려는 의미적 기준이 크게 작용하였다. 이에 대해서 좀 더 자세히 살펴보면 다음과 같다.

형용사의 구문은 동사 구문보다는 단순하고, 나아가 단일한 논항 하나만을 취하는 극단적인 단순한 구조로까지 생각되기도 하였다. 그러나 형용사의 본래 의미를 나타내기 위해 형용사 구문은 동사 구문에서 혹자에 따라서는 부가적인 논항으로 생각될 수 있는 논항이 준필수 논항으로 격틀에서 표시되기도 한다.

(3) a. 아이들이 <u>강당에서</u> 책을 읽는다.
b. 이 주제가 <u>이 논문에서</u> 가장 독창적이다.

(3a)와 같은 동사 구문에서는 '강당에서'는 굳이 격틀에 제시하지 않아도 되는 부가 논항이지만, (3b)와 같은 형용사 구문에서 '이 논문에서'는 준필수 논항이다. 동일한 격표지인 '-에서'로 나타나지만, 동사 구문과 형용사 구문에서 두 논항의 지위는 다른 것이다. 따라서 (3a)와 (3b)는 다음과 같이 각각 격틀에 표시된다.

(4) a. [행위주]-이 [대상]-을 읽는다.

b. [소유주]-이 [비교 영역]-에서 독창적이다.

형용사 구문 기술에서 격틀에 제시된 논항들은 일반적으로 많이 제시된 동사 구문 기술보다는 필수 논항, 준필수 논항, 부가 논항 구분이 엄격하지 않게 보일 수도 있다. 그러나 세종계획 용언분과 형용사 기술에서도 형용사 구문은 동사 구문보다 훨씬 단순하지만, 단순한 만큼 형용사의 통사, 의미적 특성과 속성을 드러내고, 그 의미(sense)를 구별할 수 있는 변별력 있는 구문의 설정이 쉽지 않아서, 동사 구문보다 훨씬 탄력성 있는 논항의 설정이 필요하다고 하였다.2)

2.1.1. 형상(평가) 형용사

(5) 가깝다, 가난하다, 가냘프다, 가녀리다, 가볍다, 가지런하다, 가파르다, 길쭉하다, 깊다, 까맣다, 깜깜하다, 깜찍하다, 깨끗하다, 깨알같다, 꾸밈없다, 날래다, 날렵하다, 날쌔다, 날씬하다, 날카롭다, 낡다, 덥다, 도톰하다, 돈독하다, 두툼하다, 드물다, 따뜻하다, 따

2) 세종 계획 용언분과의 형용사 기술에서는 다음과 같은 다양한 보어 구문을 제시하였다.

a. 장소 보어: 서울에 교회가 많다.
b. 비교 보어: 이 책은 저 책보다 낫다.
c. 대상 보어: 철수는 정치인에게 매우 공격적이다.
d. 배경 보어: 통사론은 언어학에/에서 핵심적이다.
e. 원인 보어: 나는 아들 문제로/가 괴롭다.
f. 수단 보어: 안동은 하회탈이/로 유명하다.
g. 수량/단위 보어: 이 시계는 5분이 늦다.
h. 기준 보어: 3시간은 서울 가기에 빠듯하다.
i. 허용 보어: 밥을 먹어도 좋다.

(문화관광부, 국립국어연구원(2000) 참조)

사롭다, 따스하다, 딱딱하다, 떠들썩하다 …

형상(평가) 형용사는 기본 문형에서 논항 확장, 격표지 교체의 논항 구조 변화와 함께 의미 전이가 나타난다. 따라서 형상 형용사에서 평가 형용사로의 전환이 이루어지는 것으로 보았다. 사물의 성질이나 상태를 객관적으로 나타내는 형상 형용사에서 소유주의 성질에 대한 판단 및 주관적 인식을 드러내는 의미 전이가 나타나 평가 형용사로 전환되는 것으로 보아 형상(평가) 형용사가 된 것이다.

(6) 날카롭다

a. [소유주]-이 형용사
[소유주]-이 [대상]-에게|에 대해서 형용사

b. 사자의 손톱은 아주 날카로웠다.
c. 무엇보다 주눅이 든 것은 여주인의 시선이 아이에게조차 날카롭다는 점이다.
d. 선생님의 지적은 언제나 날카로워서 학생들이 쩔쩔맨다.

(6b)에서는 날카로운 성질을 소유한 ‘사자의 손톱’이 소유주인 기본 문형으로 고유 의미를 나타내며, 전형적인 순수 형상 형용사와 같은 특징을 나타내고 있다. 이에 비해 (6c)에서는 ‘여주인의 시선’이라는 추상적인 외부 논항을 취하고, ‘아이에게’라는 대상 논항을 도입한다. 따라서 논항 확장이 일어나며 전체적인 의미도 달라지는 것을 알 수 있다. 이러한 논항 구조 변화와 의미 전이로 형상(평가) 형용사로 보았다.

(6d)는 (6b)의 고유 의미에서 의미 변화가 나타나는 의미 전이로 이는 4장에서 자세히 살펴보겠지만, '공동합성'에 의한 의미 전이로 설명할 수 있겠다. 즉, '선생님의 지적'이라는 추상적인 외부 논항을 취하여 원래 형용사 자체의 고유 의미를 변화시키는 공동합성[3]이 나타난 것이다. (6d)에서는 (6c)처럼 뚜렷한 논항 구조 변화는 나타나지 않았다.

(7) 깊다

a. [소유주]-이 형용사
[소우주]-이 [대상]-에게|에 대해서 형용사

b. 산이 깊다
이 곳은 평소 미술에 대해서 조예가 깊은 일반인들이 모이는 곳이다.

'산'은 깊은 성질을 소유한 소유주로 사물의 성질이나 상태를 객관적으로 나타내며, 논항 확장도 이루어진다. (7c, d)에서는 격표지 교체도 나타난다.

c. [소유주]-이 [비교대상]-와 형용사
[소유주, 비교대상]-이 형용사

---

3) 공동합성(Co-composition)은 술어 함수의 의미와 논항의 의미가 서로 통합되어 전체 함수에 영향을 끼치는 것이다. 이러한 공동합성은 술어의 다양한 의미 변화, 곧 의미 전이를 설명하는 하나의 기제가 될 것이며, 공동합성에 대해서는 4장에서 더 자세히 논의하였다.

d. 미국은 영국과 관계가 깊다
미국과 영국은 관계가 깊다.

이 경우 소유주 이외에 다른 대상 논항을 반드시 취함을 알 수 있다.

(8) 드물다

a. [소유주]-이 형용사
[소유주]-이 [기준주]-에서 형용사

b. 이런 좋은 기회도 드물다.
김화백은 문화적으로 척박한 이 지방에서는 드문 사람이다.

(8b)에서 '드물다'는 '이 지방'이라는 기준주를 취한 논항 확장이 일어나고, 따라서 소유주의 성질에 대한 판단을 나타내는 의미 전이가 나타나 평가 형용사로 전환되는 것으로 보았다.

(9) 떠들썩하다

a. [소유주]-이 형용사
[소유주]-이 [대상]-로 형용사
[대상]-이 [소유주]-에 형용사

b. 저녁이면 이 골목길은 무척 떠들썩하다
c. 선술집은 술꾼들로 떠들썩했다.
술꾼들이 선술집에 떠들썩했다.

'떠들썩하다'의 기본 문형은 소유주 하나만 나타나지만, 논항 구조 변화가 일어나는 (9c)의 경우 소유주 이외에 다른 논항이 나타나며 이 두 논항은 논항 교체를 이룬다.

2.1.2. 성질(평가) 형용사

(10) 가증스럽다, 가혹하다, 각박하다, 간사하다, 강인하다, 강직하다, 거만하다, 게으르다, 게을러빠지다, 게을러터지다, 결백하다, 겸손하다, 겸허하다, 경망스럽다, 경박하다, 경솔하다, 고결하다, 고달프다, 고상하다, 고지식하다, 공손하다, 관대하다, 관대하다, 교만하다, 교활하다, 극성스럽다, 근검하다, 근면하다, 근엄하다, 까다롭다 …

성질 형용사는 소유주 하나만 취하는 구조에서 이유 논항, 대상 논항을 취하는 논항 확장이 나타난다. 이는 소유주의 성격적 특성을 나타내는 성질 형용사에서 소유주에 대한 판단 근거의 논항들을 취하여 소유주에 대한 평가를 나타내는 의미 전이로 평가 형용사가 되는 것이다. 즉, 논항 구조 변화와 함께 의미 전이도 나타나서, 평가 형용사로 전환되는 것으로 보았다.

(11) 성질 형용사의 논항 구조

a. [소유주]-이 형용사
b. [이유]-이 형용사
c. [소유주]-이 [대상]-에게|에 대하여 형용사

이유 논항은 소유주의 성격을 명확히 드러내는 보문 논항이고, 대상 논항은 소유주의 성격이 영향을 미치는 대상이다. 아래에서 제시할 성질 형용사들은 위와 같은 논항 구조를 공통적으로 가진다.

(12) 극성스럽다

요즘 모기들이 극성스럽다.
그가 참가조차 거부한 것은 웬지 좀 극성스럽게 보인다.
도시에 사는 엄마들은 아이들에게 극성스럽다.

(13) 관대하다

박 사장이 아무리 관대하다지만, 그런 일까지 용인하겠는가?
다만 그녀가 사소한 허물을 들추지 않은 것은 관대했다.
전무님은 말단 직원들에게 특히 관대하시다.

(14) 겸손하다

저 청년은 겸손하고 정직하다
나이도 어린 후배가 선배들에게 그런 식으로 말한 것은 겸손하지 못하다.
노신사는 자기보다 한참 어린 사람에게도 겸손했다.

(15) 교활하다

교활한 늙은 여우같다.
네가 순진한 사람을 꾄 것 자체가 교활하다.

그는 그녀에게 교활했다.

2.1.3. 순수 형상 형용사

(16) 가칠하다, 거무스레하다, 거무죽죽하다, 고요하다, 구부정하다, 그득그득하다, 그득하다, 까무스름하다, 까무잡잡하다, 까슬까슬하다, 꺼벙하다, 꺼칠하다, 꼬들꼬들하다, 꾀죄죄하다, 꾸부정하다, 너덜너덜하다 네모나다, 노릇하다, 들쑥날쑥하다, 듬성듬성하다, 땅딸막하다, 뚱뚱하다 …

순수 형상 형용사들은 소유주에 대한 형상을 나타내므로 예외도 나타나지만, 대부분 소유주 하나만 취하는 논항 구조를 보이고 있다. 또한 더 이상의 논항 구조 변화는 나타나지 않는다.

(17) 순수 형상 형용사의 논항 구조

[소유주]-이 형용사

(18) 분식집에서 먹는 라면은 시간이 흘러도 면발이 퍼지지 않고 꼬들꼬들하다.
손길이 많이 닿아서인지 동상의 배꼽부분만 유난히 거무스레하다.
잘못된 앉은 자세로 어깨가 구부정한 사람들이 갈수록 많아진다.
40대가 되면 머리숱이 벌써 듬성듬성하다.

2.1.4. 순수 평가 형용사

(19) 가능성없다, 가능하다, 가당찮다, 가소롭다, 가차없다, 가치있다, 가하다, 각별하다, 감미롭다, 감쪽같다, 갑작스럽다, 같다, 그럴싸하다, 그지없다, 거지같다, 거짓되다, 거짓스럽다, 경사스럽다, 경이롭다, 공정하다, 과하다, 관계없다, 관계있다 …

순수 형상 형용사와 마찬가지로 소유주 하나만 취하는 논항 구조가 많이 나타난다.

(20) 순수 평가 형용사의 논항 구조

[소유주]-이 형용사

(21) 신문화창조는 그럴싸하지만, 실속은 없다.
루즈의 얼룩은 칫솔로 발라주면 감쪽같다.
동서양이 현자를 공히 일곱씩 다발로 묶는 것이 퍽 공교롭다.
그는 거지같은 복장이 정말 잘 어울렸다.

2.1.5. 심리 형용사

(22) 가뿐하다, 가상하다, 가슴아프다, 가엾다, 갑갑하다, 개운하다, 거뜬하다, 거북하다, 거추장스럽다, 걱정스럽다, 겸연쩍다, 경악스럽다, 고난스럽다, 고단하다, 고독하다, 고맙다, 고통스럽다, 곤욕스럽다, 곤혹스럽다, 공연스럽다, 공허하다, 괴롭다 …

심리 형용사는 다음과 같이 의미역 교체, 격표지 교체가 나타난다.

(23) 심리 형용사의 논항 구조

a. 의미역 교체
[경험주]-이 형용사
[원인]-이 형용사

b. 격표지 교체
[경험주]-이 [원인]-이 형용사
[원인]-이 [경험주]-에게(는) 형용사

[경험주]-이 [원인]-이 형용사
[경험주]-이 [원인]-로 형용사

[경험주]-이 [원인]-이 형용사
[경험주]-이 [원인]-에 형용사

(24) 가엾다

a. 나는 우선 그 아이가 부모가 없다는 것이 가여웠다.
우선 그 아이가 부모가 없다는 것이 나에게는 가여웠다.

b. 나는 우선 그 아이가 부모가 없다는 것이 가여웠다.
나는 우선 그 아이가 부모가 없다는 것에 가여웠다.

(25) 겸연쩍다.

그는 이번 일이 겸연쩍었는지 고개를 들지 못했다.

그는 이번 일로 겸연쩍었는지 고개를 들지 못했다.

(26) 고단하다

이번 프로젝트 중에서 무엇보다도 나는 업체 사람들을 만나야 하는 것이 상당히 고단하다.
이번 프로젝트 중에서 무엇보다도 나는 업체 사람들을 만나야 하는 것으로 상당히 고단하다.

(27) 곤욕스럽다.

우리는 무엇보다도 무더운 날씨가 곤욕스러웠다.
무더운 날씨가 우리에게는 무엇보다도 곤욕스럽다.

2.1.6. 감각 형용사

(28) 가렵다, 가쁘다, 간지럽다, 고프다, 깔깔하다, 노곤하다, 더부룩하다, 따갑다, 따끔하다, 마렵다, 메스껍다, 배부르다, 뻐근하다, 뻑뻑하다, 속쓰리다, 시큰하다, 쓰리다, 아프다, 어지럽다 으슬으슬하다, 쭈뼛하다, 찌릿하다, 출출하다, 텁텁하다

감각 형용사들은 감각을 경험하는 경험주와 대상인 신체부위를 논항으로 취한다. 따라서 다음과 같은 논항 구조가 기본적으로 나타난다.

(29) 감각 형용사의 논항 구조

[경험주]-이 [대상]-이 형용사

(30) 나는 머리가 어지러웠다.
영희는 갑자기 손바닥이 따끔했다.

또한 다음과 같은 논항 구조 변화가 나타나기도 한다.

(31) [경험주]-이 형용사
[대상]-이 형용사

(32) 감기가 오려는지 나는 웬지 으슬으슬하고 추웠다.
감기가 오려는지 몸이 웬지 으슬으슬하고 추웠다.

2.2. 경험주와 소유주

본 논문에서는 형용사를 일차적으로 주어의 의미역인 경험주와 소유주를 기준으로 분류하는데, 이러한 의미역에 대해 먼저 살펴보면 다음과 같다. 의미역에 관한 기존의 논의에서 일반적으로 다루어졌던 의미역들(행위주(Agent), 경험주(Experiencer), 대상(Theme), 출발점(Source), 도착점(Goal))만으로 한국어 형용사문에 나타난 논항들의 의미역들을 포괄할 수는 없다. 특히, 심리 술어의 주체인 경험주를 제외하고는 형용사문의 주어 논항들의 의미역에 위 기존 의미역들을 적용하기는 어렵다. 예를 들어 '바르다' 형용사문의 경우, 주어에 오는 의미역을 위 의미역들 중 어느 것으로 보아야 할지는 애매하다.

(33) 바르다
늘 네 주장이 바르고 남들은 잘못되었다고 생각한다면 큰 착각이다.

아버지는 내게 늘 마음이 바른 사람이 되라고 가르치셨다.
그는 예의가 바르고 상냥해 어른들의 사랑을 독차지하곤 했다.
아낙은 햇볕이 바른 앞마당에 멍석을 깔고 고추를 널었다.

기존의 의미역 목록에서 위 '바르다'의 주어의 의미역을 찾는다면 '대상'으로 많이 보았지만, '대상'은 동사가 서술어인 관점에서 정의된 것으로 '동작이나 과정의 영향을 받으면서 그 동작이나 과정을 통제하지는 못하는 요소, 즉, 위치 이동이 되는 요소 또는 그 위치(물리적 또는 추상적)가 단언되는 요소 또는 서술어가 나타내는 행위에 의해서 영향을 받는 요소'이다. 참고로, 세종계획 용언분과 기술에서는 '대상(Theme)'을 '동작대상(Motion Theme)', '공조동작대상(Joined Motion Theme)', '상태대상(Matter Theme)', '공조상태대상(Joined Matter Theme)', '동반대상((Co-Theme)', '대상(Affected Theme)'으로 세분화하였다.4)

---

4) 1) 동작대상: 움직임이나 위치의 변화를 겪는 대상
예) 철수가 영희의 손을 흔들었다.
2) 공조동작대상: 둘 이상의 복수 동작대상을 구성해야만 하는 동작대상
예) 철수는 **A**와 **B**의 위치를 바꾸었다.
3) 상태대상: 상태의 변화를 겪는 대상
예) 철수가 유리병을 깨뜨렸다.
4) 공조상태대상: 둘 이상의 복수 상태대상을 구성해야만 하는 상태대상
예) 영희는 A와 B를 하나로 통합하다.
영희는 A를 B와 결합시켰다.
5) 동반대상: 대상의 의미역을 지닌 직접 목적어와 대칭성을 지니는 대칭동사 구문의 '-와' 보어 논항이다.
예) 영희는 A를 **B**와 결합시켰다.
6) 대상(**Affected Theme**): 상기한 5개의 하위유형 대상을 제외한 나머지 대상이다.
예) 책상 위에 책이 있다.
-창조대상(**Creature**): 서술어의 동작에 의해서 창조되는 대상.
예) 나는 쌀가루로 떡을 만들었다.
-중립대상(**Neutral**): 동작이나 과정의 대상이지만 위치 이동이 되지도 않고, 그

이처럼 서술어에 의해서 어떤 영향을 받은 논항인 '대상'을 내재적인 속성값 및 상태를 나타내는 형용사문의 주어의 의미역으로 할 수는 없다. 물론 동사가 술어인 경우도 주어의 의미역은 행위주로만 한정되기 어렵지만, 특히 형용사문의 경우는 주어의 의미역을 기존의 의미역들로 한정하기 어렵다. 관계문법을 기반으로 한 세종계획에서는 앞에서 살펴본 '대상'도 그렇지만 '행위주'에 대해서 다음과 같이 다양화하였다.

(34)

대분류	중간분류	상세분류
행위주 (Agent:AGT)	대상행위주 (Affected Agent)	대상행위주 (Affected Agent:AFA)
		공여주(Donner:DON)
		수령주(Recipient:RCP)
	비대상행위주 (Non Affected Agent)	공조행위주 (Joined Agent:JAG)
		상태주(Positionner:POS)
		소유주(Possessor:PSS)

또한 심리행위주와 같이 경험주와 행위주 중간 성격의 의미역을 제시하기도 하였다. 심리행위주(mental agent, MAG)는 인지/지각/감정 행위의 주체이며 경험주의 성격과 행위주의 성격을 동시에 지니는 것으로 자신의 의지에 의한 통제가 가능한 인지/지각/감정 행위를 수행하는 주체이다. 예를 들어 다음과 같은 경우이다.

위치(물리적 또는 추상적)가 단언되지도 않으며, 그 동작이나 과정에 의해서 영향을 받지도 않는 요소이다.

예) 나는 영어를 배웠다.
나는 영희를 사랑한다.

(35) 새로 이사온 옆집 여자는$_{MAG}$ 우리 가족에게 정중했다.

이처럼 세종계획 용언분과에서는 행위주만으로는 포괄할 수 없는 문장의 주체, 즉 주어가 되는 다양한 논항에 대하여 좀 더 상세화한 것이다.5) 이 논문에서는 형용사문에서 나타나는 경험주 외에 주어의 의미역으로 '소유주'(Possesor)라는 의미역을 설정하였다. 이는 아래 (36)에 예시한 것처럼 형용사적 의미를 소유한 논항으로 다양한 형용사문에 포괄적인 형용사의 주어이다.6)

(36) 발톱이 날카롭다.
등기가 저당 잡혀있지 않고 깨끗하다.
이런 좋은 기회는 좀처럼 드물다.
이번 판결은 정상이 참작되어서 비교적 관대했다.
그 얘기는 정말 뚱딴지 같다.
금강산은 여러 봉우리들이 어울려 다채롭다.
그 사람은 자기보다 못난 사람들에게는 모질다.

---

5) 그러나 이러한 상세화도 2001년도부터 있었고 실제 세종계획 용언분과 형용사 기술에서는 상세분류된 행위주의 주어 대신에 형용사문의 주어의 의미역을 '행위주' 혹은 '대상'으로 기술하였다.
자기 가족에게 냉담한 사람이$_{AGT}$ 남에게 잘하면 뭣하나.(AGT)
우리는$_{AGT}$ 가난한 자의 고통에 대해서 비정하지 만은 않다.(AGT)
그는$_{THM}$ 영숙이에게$_{GOL}$ 다정하다.(THM)
이 친구는$_{THM}$ 요리에$_{GOL}$ 뛰어납니다.(THM)

6) Parsons(2000)에서도 기존의 의미역 목록들로는 상태(state) 술어 구문, 'be+형용사' 구문의 주어 의미역으로 할 수 없다고 주장하면서, 이러한 경우, 다음과 같이, 주어의 의미역을 그 상태에 있다는 관점에서 '**In**'으로 설정하였다.
If Samantha is ill, then she is **In** a certain state of illness.
If she is heavy, she is **In** a state of heainess.
또한 (34)처럼 행위주를 상세화한 세종계획 전자사전 용언분과의 경우, **In**과 유사한 의미역으로 형용사가 표현하는 상태를 지배하는 논항으로 상태주 Positioner(POS)를 설정하였다.

호랑이는 먹이 사냥에 집요하다.

일반적인 동사 구문의 주어의 의미역이 행위주라면 심리 형용사 구문의 경우는 경험주이며, 이러한 심리 형용사 구문을 제외한 나머지 형용사 구문의 경우는 소유주인 것이다. 또한 소유주는 (34)에서 상세화된 행위주 중의 하나인 소유주와는 다르다. 행위주에서 상세화된 소유주는 그야말로 물리적으로 어떤 대상을 소유하는 주체로 '가지다, 소유하다'와 같은 술어의 주체이다.

2.2.1. 형용사의 주어

형용사를 주어의 의미역인 경험주와 소유주를 기준으로 분류했다고 하였는데, 여기서 비록 동사 구문을 위주로 한 것이지만, 기존의 논의들을 토대로 주어란 무엇이고, 주어가 어떤 특징을 갖는지 알아보자. 앞에서는 일반적인 주어의 의미역으로 알려진 행위주는 형용사문의 주어의 의미역으로 적합하지 않고, 경험주와 소유주가 주어의 의미역이 된다고 하였다. 먼저, 주어를 문법적인 측면에서 정의한 Rothstein(2001)과 의미역으로 살펴본 Dowty(1991), Tenny(1992)[7]에 대해서 살펴보면 다음과 같다.

Rothstein(2001)은 주어를 통사적인 서술 관계(predication relation)로 정의하였다. 즉, 술어부 외부에 위치한 논항이 주어라고 보았다. 술어의 통사적 구성 성분(syntactic predicate constituent)이 존재하는 문법적인 증거를 제시하며, 주어는 동사구와 형용사구와 같은 술어부의 밖에 위치하는 것으로 보았다. 화용론적이거나 의미적인 특성보

7) Dowty(1991)와 Tenny(1992)의 논의는 4장에서 상적 특징을 다루면서 다시, 자세히 논의하겠다.

다도 구조적인 관점에서 주어를 고찰한 것이다.

술어의 통사적 구성 성분이 존재하는 문법적인 증거는 다음과 같이 제시하였다.

(37) 동사구 전치(VP fronting)

Visit her father though Mary did, she still felt she should go more often.
Eat a big dinner though we did, I confess to still being hungry.

(37)에서 동사와 주어가 아닌 논항들은 하나의 구성성분을 이루어 전치될 수 있다. 그러나 직접 목적어를 남겨둔, 주어와 동사만 결합된 구성성분은 (38)과 같이 전치될 수 없다.

(38) * *Mary visit* though (she) did her father, she still felt she should go more often.
* *We eat* though we did a big dinner, I confess to still being hungry.

(39)처럼 접속사로 연결된 두 문장에서 앞과 뒤 문장의 동사구가 동일하다면, 뒤 문장의 동사구는 생략, 대용될 수 있다.

(39) 동사구 생략(VP-ellipsis)

Mary *read War and Peace* and Bill did too.
Mary *ate an apple* and John did too.

가주어(Pleonastics)인 It은 소위 dummy 대명사로서, 지시적이거나 의미 논항적인 내용이 없이 주어 위치에 나타나는 것이다. 이는 한 문장이 의미적이 아니라 문법적으로 구조가 결정되는 것을 보여주고 있는 것으로, 주어 위치는 문장에서 다른 논항 위치와는 다르다는 것을 말해주는 중요한 증거로 나타난다.

(40) 가주어(Pleonastics)

It seems that John is very late today
It is unlikely that we will go to China this year

이외에도 주어가 술어부 밖에 위치하는 것으로 동사구 접속(VP conjunction), 유사분열(Pseudoclefts), 주어위치에서의 논항 이동과 생략(Movement from and argument ellipsis in subject position)과 같은 증거들을 제시하였다.

이러한 고찰에서 술어와 비주어 논항이 결합된 술어부의 전형으로 동사구와 형용사구를 들었다. 술어부가 하나의 구성성분을 이루며, 여러 가지 문법적인 특징을 나타내는 반면에 주어 논항은 동사구 및 형용사구와 독립적으로 나타난다는 것이다.

Tenny(1992)는 AIH 가설로 상에 대하여 먼저 통사적 접근을 하였는데, AIH 가설을 살펴보면 다음과 같다.

(41) AIH(Aspectual Interface Hypothesis)

The mapping between thematic structure and syntactic argument structure is governed by aspectual properties

Tenny(1992)는 AIH 가설에서 논항 구조의 상적 특징은 통사적으로 나타난다고 주장한 것이다. 이와 같이 Tenny(1992)는 통사적 논항 위치와 연결되는 상적 제약과의 상관관계에 중점을 두었으나, AIH와 의미역의 관계에 대해서도 다음과 같이 고찰하였다.

AIH 가설의 다양한 의미역과의 관계는 Dowty(1991)의 '행위주와 피해주의 원형적 속성'(Proto-agent Properties and Proto-patient Properties)에서 시작된다고 하였다. 즉, 행위주의 원형적 속성을 가진 논항이 주어가 된다고 하였다. 또한 피해주의 원형적 속성을 가진 논항들은 직접 목적어가 된다고 보았다.

특히, 직접 목적어는 사건을 계량(measure out)할 수 있고 이는 종결성[8]이라는 상적 특징으로 나타난다고 하였다. 피해주의 원형적 속성을 지닌 직접 목적어만이 사건을 계량화하여 상적 특징을 나타내므로, 결국 AIH 가설은 행위주의 원형적 속성과 피해주의 원형적 속성을 구분한다는 것이다. 이 논문에서도 이러한 '행위주와 피해주의 원형적 속성'은 주어를 판별하는 중요한 기준으로 보았다.

(42) a. Proto-agent properties:
volitional involvement in the event or state
sentience and/or perception
causing an event or state in another participant
movement(relative to the position of another participant)
exists independently of the event named by the verb

---

8) Vendler는 동사를 상태성(stativity), 종결성(telicity), 순간성(punctuality), 동질성(homogeneity)의 네 가지 기준으로 동사를 구분하였는데, 종결성을 기준으로 종결성의 완성, 달성과 비종결성을 기준으로 상태, 행위로 나뉜다.

b. Proto-patient properties
undergoes change of state
incremental theme
causally affected by another participant
stationary relative to movement of another participant
does not exist independently of the event, or not at all

이 논문에서는 지금까지 살펴본 Rothstein(2001)과 Dowty(1991), Tenny (1992)의 견해를 받아들여 다음과 같이 주어를 정의하고, 논의해 보겠다. 다만 이 정의는 동사를 위주로 한 논의를 받아들인 것으로 상적으로 의미 유형이 명백히 다른 형용사 구문에 그대로 적용하기는 어렵다.

(43) 주어의 정의

주어란 통사적인 측면에서 술어부 외부에 위치하는 외부 논항이며, 의미역의 측면에서 행위주성을 보이는 행위주가 된다.

의미역의 측면에서 술어가 동사인 경우는 (43)의 정의처럼, 행위주가 주어인 것이 명백하지만, 형용사인 경우는 그렇지 않다. 동사구문을 중심으로 한 주어의 정의에서 행위주를 주어로 보았다면, 형용사문에서는 앞에서 언급한 것처럼, 경험주, 소유주를 주어로 볼 수 있다. 이러한 경험주와 소유주의 주어성에 대해서는 앞으로 더 살펴보겠고, 7장에서도 살펴보겠다.

다음으로 위 정의에서 외부 논항에 대하여 살펴보면, 외부 논항이란 동일 범주의 최대 투사(maximal projection) 밖에 나타나는 요소로,

쉽게 말해 문장의 주어는 통사 구조에서 목적어처럼 술어부(동사구, 형용사구)속에 나타나지 않는다. 이러한 외부 논항은 주격으로 나타나며 일반적으로 의미역은 행위주성을 가지는 행위주가 된다. 이에 비해 내부 논항은 외부 논항과는 달리 술어부 속에 나타나며, 행위주를 제외한 대상, 도달점(goal) 등을 가진다. 또한 통사적으로 지정어가 아닌 보충어이다(Williams(1981), Stowell(1991), Chomsky(1995) 참조).

한국어는 일반적으로 주어가 형태적으로 주격 조사를 취하여 나타난다는 것을 고려하여, 동사 구문과 상적 차이가 있는 형용사 구문에서 외부 논항이며, 동사와 같은 행위주성을 지니지는 아니지만, 주어가 될 수 있는 논항이 무엇인지 알아보겠다.

경험주나 소유주 이외에 이 논문에서 형용사가 취하는 의미역들은 다음과 같다. 대상(theme), 비교대상 및 비교영역(criterion), 이유 논항(reason), 원인 논항(cause), 영향 대상(affected theme)[9]을 들 수 있

---

9) 경험주, 소유주, 대상 논항은 앞에서 언급했고, 그 이외의 논항들에 대해 간단히 정의하면 다음과 같다.

① 비교대상 및 비교영역(criterion),
주어와 구체적으로 비교가 되는 논항으로 '-보다'로 나타나거나, '-에서'의 격표지로 나타난다. 비교의 판단 대상 및 영역이 되므로 기준치(criterin)이라고 하였다.
그는 영수보다 착하다.
김선생은 이 소도시에서 비교적 유명하다.

② 이유 논항(reason)
사건의 이유가 되는 논항으로 소유주에 대한 판단 근거가 되며, 주로 '-는 것'과 같은 보문의 형태를 취한다.
그가 혼자 가버린 것은 경솔했다.

③ 원인 논항(cause)
어떤 상태를 직접적으로 유발하는 원인이 되는 논항으로, 경험주, 소유주와 밀접한 관계로 특히 심리 형용사의 경우, 심리 상태를 유발하는 논항이다.
나는 이 모든 것이 부담스러웠다.

④ 영향 대상(affected theme)
주어의 태도에 대해 직접적으로 영향을 받는 논항으로 '-에게', '-에 대해

다. 이 중에서 '대상'은 명백하게 행위주성과는 상관없고, '비교 영역', '영향 대상'은 주격 조사를 취하지 않으므로 배제하겠다. 또한 원인 논항은 주격 조사보다는 다른 조사를 취하는 경우('-로', '-에')가 더 많이 나타나고, 이유 논항은 경험주나 소유주에 비해 수의적으로 나타나므로 논의 대상에서 제외하였다. 따라서 경험주나 소유주를 중심으로 주어성을 살펴보겠다.

경험주인 경우는 행위주성 자질이 나타나지 않지만, 소유주인 경우는 다음과 같이 행위주성 자질이 일부 나타난다. 성질 형용사가 취하는 소유주의 경우, 다음과 같이 행위주성을 보이는 형용사문의 주체로 나타난다.

(44) a. 그는 착하다.
b. 그는 나에게 착하다.
c. 그는 나에게 착하게 굴었다.

먼저, (44a)와 같은 경우는 '그'의 성질인 '착함'을 나타내며, 행위주성의 자질을 보이지 않는다. 그러나 (44b)와 같이 '나에게'란 논항을 취한, 논항 확장이 일어난 경우는 (44c)와 같이 형용사가 부사화되어 '굴다'라는 동사를 수식하는 문장의 사건 의미와 동일하다. 나아가, 혹자에 따라서 (44b)보다는 (44c)를 오히려 자연스럽게 볼 수도 있겠다. '굴다'는 '행동하다, 대하다'의 의미로, '행동하다, 대하다' 보다 행위주의 행동을 좀 더 낮추는 속뜻을 갖는다. 따라서 부정적인 의미의 형용사가 많이 나타난다.

서'의 격표지로 나타난다.
그는 우리에게 친절했다.

이처럼 논항 확장이 된 경우, 행위주성 자질이 좀 더 명료하게 드러난다. 이러한 고찰은 성질 형용사에서 광범위하게 상정해 볼 수 있다.

(45) a. 철수는 어린 학생들에게도 가혹했다.
철수는 어린 학생들에게도 가혹하게 굴었다.

b. 사장이라는 작자는 아랫 사람들에게 거만하다.
사장이라는 작자는 아랫 사람들에게 거만하게 군다.

c. 그자는 우리에게 경솔했다.
그자는 우리에게 경솔하게 굴었다.

d. 영수는 좀 가난한 사람들에게는 교만하다.
영수는 좀 가난한 사람들에게는 교만하게 군다.

e. 그는 순진한 사람들에게 교활했다.
그는 순진한 사람들에게 교활하게 굴었다.

f. 대출 담당자는 영세 사업자들에게 특히 까다롭다.
대출 담당자는 영세 사업자들에게 특히 까다롭게 군다.

또한 '-하려고 하다', '-도록 노력하다'와 같이, 주체의 의지를 나타내는 행위주성의 용언과 결합할 수 있는 다음과 같은 형용사들로 인하여 이러한 형용사문도 행위주성의 자질을 가지고 있음을 알 수 있다.

(46) 이번 일에 대해서만큼은 그들도 진지하려고 했음이 틀림없다.
우리들은 과정 하나하나에 신중하고 또한 꾸밈없도록 노력했다.

나아가 주로 동사와만 결합하여 동사를 판별하는 기준이 되어 왔던 종결어미인 청유형 및 명령형 어미가 형용사와 결합하기도 하면서 행위주성을 나타낸다.

(47) 우선 흥분하지 말고 차분하자.
늙어서 편하려면 젊었을 때는 좀 부지런해라.

이상에서 살펴본 것과 같이, 소유주 및 경험주 논항을 주체로 하는 형용사문은 일부 행위주성 자질을 보이지만, 이를 모든 형용사문으로 확대・해석하기는 어렵다. 즉, 동사 구문을 위주로 한 '행위주'와 같은 주어의 의미역을 형용사문에 적용하기는 어렵고, 다만 일부 소유주 주어 계열 형용사들의 구체적인 행위주성은 상태에 대한 적극적인 원인 사건으로 작용하는 것으로 볼 수 있다.

다음으로 주어의 요건인 외부 논항에 대해서 살펴보자. 먼저 형용사구는 동사구와 마찬가지로 전형적인 술어부로서, Rothstein(2001)에서 제시한 '동사구 전치'와 '동사구 생략'을 앞에서 살펴본 형용사의 논항 구조로 제시해 보자.

(48) 형용사구 전치

a. 김 선생은 우리에게 친절했다.
우리에게 친절하다고 김 선생이 하지만, 이번 일에서는 전혀 안 그렇다.

b. 그녀는 우리 마을에서 예쁘다.
우리 마을에서 예쁘다고 그녀가 해도 영희에 비하면 아무것도 아니다.

(48)에서와 같이 형용사구도 전치되며, 아래 (49)와 같이 관계 관형절이 될 때도 형용사와 대상, 비교 영역 논항은 분리되지 않고 나타난다.

(49) a. 김 선생은 우리에게 친절했다.
우리에게 친절한 김 선생

b. 그녀는 우리 마을에서는 예쁘다.
우리 마을에서는 예쁜 그녀

(50)과 같이 두 문장이 연결될 때, 소유주를 제외한 대상, 비교 영역 논항과 형용사가 앞 문장과 동일하다면 뒤 문장에서는 생략이 되어 대용된다.

(50) 형용사구 생략

김 선생은 우리에게 친절했고, 이 선생도 그랬다.
그녀는 우리 마을에서 제일 예쁘고, 그녀의 동생도 그렇다.

따라서 위 형용사 논항 구조에서 다음과 같이 형용사구를 설정할 수 있다.

(51) [소유주]-이 $_{AP}$[[대상]-에게|에 대하여 형용사]

[소유주]-이 $_{AP}$[[비교 영역]-에서 형용사]

이와 같은 형용사구는 앞에서 살펴본 형용사의 다른 논항 구조까지 설정할 수 있다.

(52) [소유주]-이 $_{AP}$[[대상]-로 형용사]
[소유주]-이 $_{AP}$[[비교 대상]-와 형용사]
[경험주]-이 $_{AP}$[[원인]-이 형용사]
[경험주]-이 $_{AP}$[[원인]-로 형용사]
[경험주]-이 $_{AP}$[[원인]-에 형용사]

소유주나 경험주는 형용사구 밖에 나타나는 외부 논항이며, 경험주와 소유주가 주어에 가장 가깝다는 것은 특히, 주격 조사를 취한 명사구가 하나 이상 나타날 때, 다음과 같은 의미역 위계에 의한 주어의 판별로도 알 수 있다. 논항 구조와 통사 구조의 연결은 의미역들의 위계에 의해 이루어지는 것으로 어떤 의미역이 주어가 되느냐 혹은 목적어가 되느냐는 의미역들의 상대적인 위계에 의해 이루어지는 것이다. 이처럼 중요한 매개 역할을 하는 의미역의 위계는 일반적으로 다음과 같이 볼 수 있겠다(Dowty(1991), Stowell(1992) 참조).

(53) Experiencer, Possesor, Agent > Theme > Patient > Recipient

의미역 위계는 경험주나 행위주가 일반적으로 주어가 되는 주어성이 강한 논항들이며, 이것들이 나타나지 않으면, 그 다음의 위계에 있는 논항이 주어 자리로 이동되지만, 진정한 주어는 아니라는 것을 말해준다.

2.2.2. 주격중출 구문에서의 주어성 여부

한국어에서 주어는 형태적으로 주격 조사를 취한다. 앞에서 살펴본 것처럼, 형용사의 주어가 되는 경험주 및 소유주는 대체적으로 주격 조사를 취하지만 그렇지 않을 경우도 있다. 즉, 의미적인 측면에서 주어로 기대되는 경험주 및 소유주가 주격이 아닌 간접 목적어의 여격 '-에게'가 부착된 형태로 나타나고, 다른 논항이 주격의 형태로 나타나기도 한다. 이러한 구문을 소위 여격주어 구문이라고 한다. 또한 경험주 및 소유주 이외의 다른 논항도 함께 주격으로 나타나기도 하는데, 이 구문이 국어학에서 많이 다루어졌던 주격중출 구문이다. 앞으로 이러한 여격주어 구문과 주격중출 구문을 집중적으로 고찰하겠다.

주격중출 구문과 여격주어 구문에서 주격의 형태로 나타난 논항들이 과연 주어인지는 주어성을 검증하는 여러 기제들로 검증할 것이다. 의미역 측면에서의 논항들의 위계 관계에 의해서도 주격중출 구문과 같은 경우에서는 경험주 및 소유주와 대상 논항이 다 주격으로 나타나지만, 진정한 주어는 경험주 및 소유주임을 말해준다. 따라서 동일한 술어에 경험주 및 소유주가 주어로 나타나는 문형이 있다면, 이를 기본 문형으로 설정하고, 다른 논항들이 주격으로 나타난 문형은 논항 교체가 일어난 것으로 보았다.

이러한 연역적인 추론은 주어성을 검증하는 다음과 같은 여러 통사적 기제들에 의해 귀납적으로 다시 증명될 수 있겠다. 한국어에서 일반적으로 주어성 여부를 검증하는 방법으로는 주체존대 '-시-'와의 일치관계, 복수 접미사 부착, 수량사 통제관계, 관계 관형절의 표제명사 등이 있다(정인상(1980), 홍기선(1994), 서정수(1996) 참조). 다음 장에서는 이러한 주어성 검증 방법을 토대로 여격을 취한 논항이 주어인지의 여부에 대해 살펴보겠다.

주격중출 구문에 대하여 주어성 여부는 여러 가지 측면에서 검증해 볼 수 있다. 한국어에서 귀납적으로 주어성 여부를 검증하는 방법으로는 주체존대 '-시-'와의 일치관계, 복수 접미사 부착, 관계 관형절의 표제 명사(head noun) 등이 대표적으로 논의되었다. 또한 '-어하다' 구문과의 대응으로 두 주격을 취하는 논항 중 어떤 논항이 다양한 조건에서도 변하지 않는 진정한 주어인가를 알아볼 수 있겠다.

1) 주체존대 '-시-'와의 일치관계

(54) a. 선생님은 무단외출을 한 학생들이 갑갑하셨다.
b. *학생들은 수업에 안 들어오는 선생님이 갑갑하셨다.

(55) a. 선생님이 집이 있으시다.
b. *나는 집이 있으시다.

이와 같이 주격중출 구문의 경우, 경험주 및 소유주 논항인 첫 번째 주어의 존대성 여부에 따라 -시-와 호응된다. 따라서 첫 번째 주어인 경험주 및 소유주 논항을 주어로 볼 수 있다.

2) 복수 접미사 부착

복수 접미사는 한국어에서 주어 표지 뿐만 아니라, 여러 곳에서 나타난다.

(56) a. 아이들이 콜라를 좋아들 하니들?

b. *영희는 콜라를 좋아들 하니들?

(57) a. 너희들 요즘 도서관에들 다니니들?
b. *너 요즘 도서관에들 다니니들?

복수 접미사가 다양하게 분포하고 있는 위 문장을 보면, 주어가 복수인 경우에만 복수 표지가 문장의 다른 여러 성분에도 부착됨을 알 수 있다.

(58) a. 너희들은 떠나 버린 동역자가 슬프니들?
b. 너희들은 떠나 버린 동역자들이 슬프니들?
c. 아이들이 가방들이 있니들?

(58)에서, 경험주 및 소유주 논항인 첫 번째 주어가 복수이면 원인 및 대상 논항의 단, 복수에 상관없이 그 복수 표지가 다른 성분에 부착될 수 있다.

(59) a. 너는 떠나 버린 동역자가 슬프니?
b. *너는 떠나 버린 동역자들이 슬프니들?
c. *아이가 가방들이 있니들?

그러나 (59)에서 알 수 있듯이, 원인 및 대상 논항이 복수인 경우는 그렇지 못하다.

이와 같이 복수 접미사의 부착은 경험주 및 소유주 논항이 주어인 경우에만 가능하므로 경험주 및 소유주 논항이 진정한 주어이다.

4) 관계 관형절의 표제명사

(60) 나는 동시 상영 영화가 재미있었다.
  a. 동시 상영 영화가 재미있는 나
  b. *나에게 재미있는 동시 상영 영화
  c. *나는 재미있는 동시 상영 영화

(61) 나는 친구가 있다.
  a. 친구가 있는 나
  b. *나에게 있는 친구
  c. *나는 있는 친구

관계 관형절의 표제명사가 될 수 있는 것은 주어이다. (60a), (61a)에서와 같이 주격 형태 그대로 관계 관형절의 표제명사가 될 수 있는 것은 경험주 및 소유주 논항인 첫 번째로 나타난 주어이지만, 원인이나 대상 논항은 (60b), (61b)에서처럼 경험주 및 소유주 논항의 격의 변화를 유발하지 못한다. (60c), (61c)와 같은 구문에서 '나는'은 다른 대상과의 대조를 나타내는 화용론적 표지로 이러한 화용론적인 '대조'를 나타낼 경우에는 격의 변화없이 관계 관형절의 표제명사가 될 수 있다.

5) '-어 하다' 구문과의 대응

형용사와 '-어 하다'의 관계는 형용사의 선행 연구에서 많이 논의되었다. 주격중출 구문의 대표적인 부류인 심리 형용사의 경우, '-어 하다'가 결합되면, 전형적인 타동문 구성에서 볼 수 있는 주격-대격 명사구 구성을 갖게 된다. 이러한 '-어 하다'의 기능을 '내적 심리의 외재화'(externalization of internal feeling)라고 보았다(김세중(1994) 참조).

(62) a. 우리는 그 부부가 수양회에 간 사실이 즐겁고 흐뭇했다.
b. 우리는 그 부부가 수양회에 간 사실을 즐거워 하고 흐뭇해 했다.

(63) a. 나는 그가 그렇게 말없이 떠나 버린 것이 서운했다.
b. 나는 그가 그렇게 말없이 떠나 버린 것을 서운해 했다.

위 예문을 보면, 경험주 논항은 '-어 하다'와 결합되어도 주어이지만, 원인 논항은 '-어 하다'의 대응관계에서는 목적어로 변하는 것을 알 수 있다. 이처럼 원인 논항은 목적격으로 나타나는 타동사의 내부 논항의 성격을 보이는 것이다. 따라서 주격중출 구문의 두 주격 중 경험주의 의미역을 가지는 논항만이 주어임을 알 수 있다.

이와 같이 경험주 및 소유주 논항의 주어가 진정한 문법적 주어이고, 원인 및 대상 논항의 주격으로 나타나는 두 번째 논항은 표면적으로는 주격 조사를 취하지만 주어성을 검증하는 여러 통사적 기제들로 살펴보면 본래적인 주어성을 나타내지는 않음을 알 수 있다.

2.2.3. 여격주어 구문에서의 주어성 여부

여격주어 구문에서 특히 살펴보아야 할 것은 여격을 취한 논항이 과연 주어인지 여부이다. 왜냐하면, 의미역의 측면에서 보자면, 앞에서 살펴본 것처럼 경험주 및 소유주는 주격으로 나타나야 하는데 여격으로 나타나고, 오히려 대상이나 원인 논항이 주격으로 나타나기 때문이다. 따라서 이번 장에서도 주체존대 '-시-'와의 일치관계, 수량사 통제관계, 관계 관형절의 표제명사, '-어 하다' 구문과의 관계 등의 주어성 검증 방법을 토대로 여격을 취한 논항이 주어인지의 여부에 대해 살펴보겠다.10)

1) 주체존대 '-시-'와의 일치관계

(64) a. 아버지께는 일등을 한 자식이 흡족하신 것이다.
b. *나에게는 노벨상을 탄 아버지가 흡족하셨다.

(65) a. 할아버지께는 오래된 돋보기 안경이 있으시다.
b. *나에게는 오래된 돋보기 안경이 있으시다.

이와 같이 여격주어 구문의 경우, 경험주 및 소유주 논항인 첫 번째 주어의 존대성 여부에 따라 -시-와 호응된다. 따라서 첫 번째 주어인 경험주 및 소유주 논항을 주어로 볼 수 있다.

2) 복수 접미사 부착

앞에서 살펴보았듯이, 복수 접미사는 한국어에서 주어 표지 뿐만 아니라, 여러 곳에서 나타난다. 예문을 다시 소개하자면 다음과 같다.

---

10) 남부 아시아 언어들의 경우, 경험주가 여격으로 나타나는 현상이 일반적으로, 이에 대해 여격이 주어인지 여부에 대해서 많이 연구되었는데, 여격이 주어라고 보는 견해는 동사와의 일치관계, 재귀사와의 결속과 대명사와의 관계 등을 그 증거로 제시하고 있으며, 주어라고 보지 않는 견해는 여격의 경험주가 동사와 일치관계에 있지 않고 공주어(null subject)를 통제할 수 없다는 관점에서 목적어로 보아야 한다고 주장하고 있다(Hook(1990) 참조).

(66) a. 아이들이 콜라를 좋아들 하니들?
b. *영희는 콜라를 좋아들 하니들?

(67) a. 너희들 요즘 도서관에들 다니니들?
b. *너 요즘 도서관에들 다니니들?

위 문장을 보면 주어가 복수이면, 복수 표지가 문장의 다른 여러 성분에도 부착됨을 알 수 있다.

(68) a. 그들에게는 냉담한 선생님이 서운들 한 것 같았다.
b. 그들에게는 냉담한 선생님들이 서운들 한 것 같았다.

(69) a. 너희들에게는 어떤 장점이 있니들?
b. 너희들에게는 어떤 장점들이 있니들?

위와 같은 예문에서, 경험주 및 소유주 논항인 첫 번째 주어가 복수이면 원인 및 대상 논항의 단·복수에 상관없이 그 복수 표지가 다른 성분에 부착될 수 있다. 그러나 원인 및 대상 논항만 복수이고 경험주 및 소유주 논항이 단수인 경우는 그렇지 못하다.

(70) a. *그에게는 냉담한 선생님들이 서운들 한 것 같았다.
b. *너에게는 어떤 장점들이 있니들?

이와 같이 복수 접미사의 부착은 경험주 및 소유주 논항이 주어인 경우에만 가능하므로 여격을 취하는 경험주 및 소유주 논항을 주어로 볼 수 있다.

4) 관계 관형절의 표제명사

(71) 나에게는 그 사람이 무섭다.
a. 그 사람이 무서운 나
b. ?나에게는 무서운 그 사람

(72) 영희에게 좋은 라틴어 사전이 있다.
a. 좋은 라틴어 사전이 있는 영희
b. ?영희에게 있는 좋은 라틴어 사전

주어성 여부를 검증할 수 있는 것으로 '관계 관형절의 표제명사 되기'가 있는데 관계 관형절의 표제명사가 되면 주어인 것이다. 주격중출 구문과는 달리 여격주어 구문은 모든 논항이 본래 형태 그대로 관계 관형절의 표제명사가 될 수는 있으나, (71), (72)에서 알 수 있듯이, 경험주 및 소유주가 표제명사가 되는 경우가 가장 자연스럽고, 원인 및 대상 논항이 표제명사가 되는 경우는 비문은 아니지만, 자연스러운 것은 아님을 알 수 있다.

5) '-어 하다' 구문과의 대응

여격주어 구문에서 살펴본 형용사와 '-어 하다'의 관계를 알아보기 위하여, 앞에서 논의한 주격중출 예문에서 경험주 논항을 여격으로 변환하면 다음과 같다.

(62)' a. 우리에게는 그 부부가 수양회에 간 사실이 즐겁고 흐뭇했다.
b *우리에게는 그 부부가 수양회에 간 사실을 즐거워 하고 흐뭇해 했다.

(63)' a. 나에게는 그가 그렇게 말없이 떠나 버린 것이 서운했다.
b. *나에게는 그가 그렇게 말없이 떠나 버린 것을 서운해 했다.

이처럼, 여격주어 구문의 경우에는 '-어 하다'와 대응이 되지 않는 것을 알 수 있다.

심리 형용사의 경우, '-어 하다'가 결합되면, 전형적인 타동문 구성에서 볼 수 있는 주격-대격 명사구 구성을 갖게 된다. 즉, '-어 하다'가 술어에 결합되면 전체 문장이 타동적 성격이 강해지므로, 문법적 주어는 여격이 아닌 주격이 와야 자연스러워진다. 이와 같이 원인 논항은 '-어 하다'의 대응관계를 보면 목적어로 변화하는 것을 알 수 있다. 이러한 '-어 하다' 구문과의 대응을 통해 여격을 취하는 논항의 주어성 여부를 가리기 이전에 원인 및 대상 논항의 비주어성을 알 수 있는 것이다.

이상에서 살펴본 것과 같이, 경험주 및 소유주 논항의 주어가 진정한 문법적 주어이다. 원인 및 대상 논항의 주격으로 나타나는 두 번째 논항은 표면적으로는 주격 조사를 취하지만 주어성을 검증하는 여러 통사적 기제들로 살펴보면, 본래적인 주어성을 나타내지는 않음을 알 수 있다.

따라서 이 논문에서는 논항 교체와 논항 확장이라는 형용사의 논항 구조 변화를 주목하되, 그에 앞서, 형용사 논항 구조의 기본 문형은 경험주와 소유주 주어를 취하는 것으로 보고, 형용사를 먼저 이와 같은 두 부류의 주어로 나누었다. 이러한 경험주 주어와 소유주 주어를 취하는 기본 문형에서 논항 교체나 논항 확장이 일어나는 것으로 본 것이다.

제3장 형용사의 형태 및 통사 특징

이번 장에서는 형용사에 대한 보다 명료한 이해를 위하여 형용사 연구의 바탕이 된다고 할 수 있는 형태 및 통사 특징에 대하여 개략적으로 살펴보겠다.

3.1. 형태 특징

형용사의 형태적 특징은 먼저 형태적 구성에서 살펴볼 수 있는데, 단일어로 된 형용사와 파생어로 된 형용사로 크게 두 부류로 나누어 볼 수 있다. 형용사의 파생에서는 형용사 구성상의 파생이 아니라 형용사의 다른 품사로의 파생에 대해 알아보겠다. 형용사의 활용에서는 관형사형, 부사형으로 어미 활용을 하는 수식어로서의 면모에 대하여 살펴보겠다.

3.1.1. 형용사의 형태적 구성

한국어 형용사는 단일어근에 의해 이루어진 경우와 '-답다, -스럽다, -없다, -되다, -지다, -롭다, -맞다, -같다, -차다, -나다, -하다' 등과 결합되어 이루어진 경우로 크게 나누어 볼 수 있다. 이러한 복합형용사는 단일형용사보다 높은 빈도를 차지한다. 다만 상위 빈도를 차지하는 형용사는 단일어로 이루어진 고유한 형용사들이다. 김홍규・강범모(2000)에서 형용사의 어휘 사용 빈도를 통계적으로 분석한 결과를 살펴보면, 다음과 같은 고유한 단일 형용사들이 상위 빈도를 차지하며, 이 형용사들의 누적 빈도는 전체 빈도의 40%를 넘었다.[1]

(1)

순위	형태	빈도	백분율	누적백분율
1	없다	9809	10.571	10.571
2	그렇다	4865	5.243	15.814
3	같다	4692	5.056	20.870
4	어떻다	2972	3.203	24.073
5	이렇다	2863	3.085	27.159
6	다르다	2727	2.939	30.097
7	크다	2610	2.813	32.910
8	많다	2480	2.673	35.583
9	좋다	2012	2.168	37.751
10	이러하다	1620	1.746	39.497
11	새롭다	1150	1.239	40.736

1) 다만 이러한 형용사들을 살펴보면, 상대적으로 쓰임이 많은 지시 형용사(그렇다, 어떻다, 이렇다, 이러하다)가 높은 비중을 차지하고 있다. 순수한 어휘적 의미를 나타내는 형용사들만을 대상으로 할 경우에는 다른 결과가 나올 수도 있고 이에 대해서는 본인이 후일 논의하기로 하겠다.

다음은 세종계획 전자사전 용언분과에서 1998년부터 2002년까지 기술한 1827개의 형용사를 대상으로 파생 접사의 종류와 파생어가 나타나는 빈도를 조사한 것이다.

(2)

파생 접사	빈도	상대빈도율	누적빈도값	누적빈도율
-하다	**1165**	**63.7657%**	**1165**	**63.7657%**
단일어	**338**	**18,5003%**	**1503**	**82.2660%**
-스럽다	**124**	**6.7871%**	**1627**	**89.0531%**
-없다	68	3.7219%	1695	92.7750%
-같다	30	1.6420%	1725	94.4171%
-있다	27	1.4778%	1752	95.8949%
-롭다	26	1.4231%	1778	97.3180%
-답다	8	0.4379%	1786	97.7559%
-되다	6	0.3284%	1792	98.0843%
-적이다	6	0.3284%	1798	98.4127%
-차다	6	0.3284%	1804	98.7411%
-맞다	5	0.2737%	1809	99.0148%
-이다	5	0.2737%	1814	99.2885%
-나다	4	0.2189%	1818	99.5074%
-지다	3	0.1642%	1821	99.6716%
-만하다	2	0.1095%	1823	99.7811%
-좋다	2	0.1095%	1825	99.8905%
-찮다	2	0.1095%	1827	100.0000%
합계	1827개	100%		

먼저 1827개의 형용사 목록에서 나타난 형용사 파생 접사들은 17개로 그 상대빈도율을 살펴보면, '-하다'가 1165개로 전체의 63.76%를 차지하고 있다. 그 다음으로 단일어로 구성된 경우가 338개로 18.5%를 차지하고 있다. 파생 접사에서는 '-하다'와 '-스럽다'가 가장 많이 나타났는데 누적빈도를 살펴보면, '-하다'와 '-스럽다'의 파생어와 단일어가 전체의 90%정도를 차지하고 있는 것을 알 수 있다.

단일어로 구성된 경우와 파생어로 구성된 경우를 비교하면, 각각 18.5%와 81.5%로 파생어의 비율이 월등히 높은 것을 알 수 있다. 이 자료에 나타난 파생 접사 외 형용사 파생 접사로는 '-쩍다', '-아니다', '-궂다', '-다랗다' 등도 생각해 볼 수 있다.

또한 '-하다'를 비롯한 이러한 파생어들은 어근 사이에 '-은', '-도', '-만'의 보조사가 결합되면서 분리되기도 하는데, 이러한 결합 양상은 특히 수식어로 쓰일 때보다도 서술어로 쓰일 때는 많이 나타난다.

(3) a. 그 영화는 재미-는 있었지만, 스토리는 엉성했다.
b. 우리는 부담-은 스러웠지만 할 수 없었다.
c. 참 괘씸-도 하겠다.
d. 찔러도 피한방울 나오지 않을 것 같은 그에게는 어림-도 없었다.
e. 이번 일은 단순히 창피-만 한게 아니라, 정말 우리 모두 반성해야 한다.
f. 이번 행사는 괜히 떠들썩-만 하지, 빛 좋은 개살구다.

파생어별로 유형을 분류해보면 다음과 같다.

(4) 파생어별 유형 분류

파생 접사	유형	빈도	파생 접사	유형	빈도
같다	형상(평가)	12(40%)	없다	형상(평가)	13(19%)
	성질(평가)	1(3%)		성질(평가)	5(7%)
	순수 평가	16(54%)		순수 평가	49(72%)
	심리	1(3%)		순수 형상	1(2%)
나다	순수 평가	1(25%)	이다	성질(평가)	1(20%)
	순수 형상	3(75%)		순수 평가	4(80%)
답다	형상(평가)	6(75%)	있다	형상(평가)	12(44%)
	순수 평가	2(25%)		성질(평가)	6(22%)
되다	형상(평가)	1(17%)		순수 평가	9(34%)
	순수 평가	5(83%)	적이다	형상(평가)	6(100%)
롭다	형상(평가)	9(35%)	좋다	성질(평가)	2(100%)
	성질(평가)	4(15%)	지다	형상(평가)	3(100%)
	순수 평가	12(46%)	차다	형상(평가)	3(49%)

	심리	1(4%)		성질(평가)	1(17%)
만하다	형상(평가)	2(100%)		순수 평가	1(17%)
맞다	성질(평가)	4(80%)		순수 형상	1(17%)
	순수 평가	1(20%)	찮다	순수 평가	2(100%)
스럽다	형상(평가)	36(29%)	하다	형상(평가)	614(53%)
	성질(평가)	26(20%)		성질(평가)	123(11%)
	순수 평가	21(17%)		순수 평가	267(23%)
	심리	39(31%)		심리	102(9%)
	순수 형상	2(3%)		감각	12(1%)
				순수 형상	47(3%)

위 파생어별 유형 분류에서 20개 이상의 빈도를 나타내는 '-같다', '-롭다', '-스럽다', '-없다', '-있다', '-하다'를 중심으로 살펴보았다. 먼저, 파생어별로 많이 나타나고 있는 형용사의 범주와 그 목록들은 다음과 같다.

(5) 파생어별 유형 분류 예

a. -같다

형상(평가) 형용사 : 40%
개똥같다, 고래등같다, 금수같다, 깨알같다, 서릿발같다, 쏜살같다

순수 평가 형용사 : 54%
깜쪽같다, 꿈결같다, 뚱딴지같다, 추상같다, 철석같다, 철통같다

b. -롭다

형상(평가) 형용사 : 35%
다채롭다, 위태롭다, 평화롭다, 풍요롭다, 한가롭다, 향기롭다, 호화롭다

순수 평가 형용사 : 46%
감미롭다, 경이롭다, 공교롭다, 단조롭다, 명예롭다, 신기롭다, 예사롭다

c. -있다

형상(평가) 형용사 : 44%
귀염성있다, 기품있다, 능력있다, 매력있다, 재치있다

순수 평가 형용사 : 34%
가치있다, 균형있다, 상관있다, 심도있다, 의미있다

d. -스럽다

형상(평가) 형용사 : 29%
고급스럽다, 고풍스럽다, 복스럽다, 요상스럽다, 우스꽝스럽다, 촌스럽다

심리 형용사 : 31%
고통스럽다, 부담스럽다, 망신스럽다, 실망스럽다, 원망스럽다, 후회스럽다

e. -없다

평가형용사 : 72%
싹수없다, 서슴없다, 유례없다, 이상없다, 턱없다, 틀림없다, 진배없다

f. -하다

형상(평가) 형용사 : 53%
가난하다, 담백하다, 비대하다, 생기발랄하다, 서늘하다, 소란하다

순수 평가 형용사 : 23%
능수능란하다, 능통하다, 단호하다, 무궁무진하다, 음산스럽다, 이상스럽다

'-같다', '-롭다', '-있다', '-하다'의 경우, 형상(평가) 형용사와 순수 평가 형용사가 두드러지게 나타났는데, 이는 이 파생 접사들이 어근명사에 대한 가치평가를 주로 나타내고 있음을 알 수 있다. '-스럽다'의 경우는 심리 형용사가 두드러지게 나타났는데, 이는 '-스럽다'가 특히, 심리를 나타내는 명사들과 활발히 결합하고 있음을 알 수 있다. '-없다'의 경우도 순수 평가 형용사가 두드러지게 나타났다.

다음으로 단일어를 중심으로 살펴보면, 단일어는 338개로 전체의 18.5%를 차지하였다. 단일어에서 많이 나타나고 있는 형용사의 범주와 그 목록들은 다음과 같다.

(6) 단일어의 유형 분류 예

a. 형상(평가) 형용사 : 52%
가깝다, 가볍다, 고르다, 굵다, 낮다, 두껍다, 질다, 차갑다

b. 성질(평가) 형용사 : 8%
까다롭다, 사납다, 모질다, 어리석다, 옹졸하다, 집요하다, 착하다

c. 순수 평가 형용사 : 18%
괜찮다, 남부럽잖다, 달갑다, 빼어나다, 상서롭다, 색다르다, 흔하다

d. 심리 형용사 : 17%
기막히다, 눈꼴사납다, 성가시다, 수상쩍다, 좋다, 지루하다, 힘겹다

e. 감각 형용사 : 5%
가렵다, 가쁘다, 간지럽다, 고프다, 더북하다, 따갑다, 마렵다, 메스껍다, 배부르다, 속쓰리다, 쓰리다, 아프다, 어지럽다, 쭈뼛하다, 찌릿하다, 찡하다

단일어에 나타난 유형들을 살펴보면, 형상(평가) 형용사가 반 이상을 차지하며, 순수 평가 형용사와 심리 형용사가 비슷하게 나타났다. 또한 순수 형상 형용사는 나타나지 않았다. 특히 감각 형용사는 16개로 전체 감각 형용사(28개)의 68%로 단일어가 감각 형용사의 많은 부분을 차지하고 있음을 알 수 있다.

3.1.2. 형용사의 파생

이번 장에서는 형용사가 다양한 파생 접미사들과 결합하여 다른 품사인 동사, 명사 및 부사로 파생되는 것을 살펴보겠다. 형용사의 동사로의 파생은 피동이나 사동의 접사('-이-', '-히-', '-리-', '-기-', '-우-', '-구-', '-추-')와 결합하여 이루어진다. 또한 '-어 하다'와 '-어 지다'와 결합하여 동사화되기도 한다.

(7) a. 밝다→밝히다, 늦다→늦추다
b. 기쁘다→기뻐하다, 슬프다→슬퍼하다

형용사의 명사로의 파생은 '-음, -(으)ㅁ, -이, -기'의 파생 접사와 결합하여 이루어지는데 이들은 상보적 분포을 이루고 있다. 즉, '-음, -(으)ㅁ'는 경험주 계열의 심리, 감각 형용사들과 결합하는 반면에, '-이'나 '-기'는 소유주 계열의 형상 형용사들과 결합한다.

(8) a. 슬프다→슬픔
b. 길다→길이

부사로의 파생은 '-이'나 '-히'의 파생 접사가 결합되어 이루어진다. 부사형 어미 '-게'와의 결합은 부사로의 파생이 아니라 보통 전성으로 본다.

(9) 깨끗하다→깨끗이, 기쁘다→기쁘게

또한 '-이'나 '-히'와 결합하여 부사로 파생된 경우라도 독자적인 내부 논항을 지니거나 관형사의 수식을 다시 받기도 한다.

(10) a. 그는 오늘따라 평소와 달리 침묵을 지켰다.
b. 일꾼들은 식욕도 왕성히 음식들을 몽땅 먹어치웠다.
(우순조(2001), p.144 인용)

동사로의 파생에서는 형용사에 '-하다'가 결합된 형이 많이 나타나고 있다. 특히, 다음과 같이 외래어일 때 이러한 현상이 두드러진다.

(11) 내츄럴 → 내츄럴하다, 로맨틱 → 로맨틱하다

이와 같이 간단히 살펴본 것처럼, 형용사는 어근에 다양한 접사가 결합되어 동사, 명사, 부사로 파생될 수 있다.

인구어적 전통에서 형용사의 요건으로 비교급류의 활용을 들었다. 즉, 영어에서처럼 비교급, 최상급의 경우, 'big, bigger, biggest'와 같이 그 자체로 어미 변화를 해야만 형용사가 된다는 것이다. 그러나 한국어 형용사는 그 자체로는 어미 변화하지 않고 비교대상에 비교급 조사를 결합시켜 '더', '가장'과 같은 부사의 수식으로 이루어진다.

(12) a. 재인이가 정우보다 더 성실하다.
b. 영수가 셋 중에서 가장 부지런하다.

3.1.3. 형용사의 활용

형용사의 대표적인 형태적 특징은 어미 활용을 하는 것이다. 이러한 형태적 특징은 형용사뿐만 아니라 일반적인 용언의 특징도 될 수 있다. 형용사는 명령형, 현재형 등을 제외하고는 어미 활용을 하는 것으로 알려져 있으나, 한정된 활용을 하는 것들이 있다. 즉, 수식어인 관형사형 혹은 부사형의 자리에서만 쓰이는 것이 있고, 서술형으로만 쓰이는 것이 있다(자세한 논의는 홍재성(1998), 유현경(1998), 남지순(2003) 참조).

형용사는 사물의 속성이나 상태를 표현하는 품사로서, 수식이나 서술을 통하여 이를 표현하고 있다. 수식과 서술은 형용사의 가장 중요한 통사적 특징이지만 또한 명사와 동사의 중요한 자질이기도 하다. 그러나 앞에서 살펴본 것처럼, 동사도 관형사형 어미와 결합하여 수식어로 기능하지만, 형용사와 비교해 볼 때, 관형사형 어미와 결합하여 수식어가 되는 경우는 적다.

1) 관형사형

술어인 동사와 마찬가지로 형용사의 보편적인 특징은 명사의 수식어로서 기능한다는 것이다. 그러나 한국어 형용사의 특징은 그 자체로 명사를 수식하지 못하고, 동사와 같이 관형사형 형태소를 취해야만 한다.

(13) a. 검-*ø/은 자동차
　　 b. 뛰-*ø/는 사람들

따라서 극단적으로 김영희(1977)에서는 한국어 형용사는 서술기능만을 지니므로 서술어 자리에 쓰이지 않을 때는 관형사형이나 부사형으로 변형한다는 견해를 보이기도 하였다. 즉, 관형사형을 형용사의 수식기능이 아니라, 서술기능의 변형으로 보았다. 그러나 수식과 서술은 서로 대칭되는 기능으로, 비록 한국어에서 형용사가 관형사형의 형태소에 의존하여 수식이 이루어진다고 하여도 엄연히 수식기능을 가지는 것이다.

인구어적 전통에서는 동사와 형용사를 다음과 같은 기준으로 구분하고 있다. 즉, 동사의 경우 수식 용법으로 쓰일 때, 관형사형 형태소를 첨가하지만, 형용사의 경우는 형태적으로 변화가 없다고 하고 있다(Engel(1988), Hengevald(1992), Beck(1999) 참조). 이러한 주장이 맞는다면 한국어에서는 형용사란 품사가 부정되고, 동사의 하위부류가 된다. 그러나 속성이나 상태를 표현하는 형용사는 대부분의 경우에서 서술화된 것과 명사구에서 수식어로 표현된 것 간의 대칭을 보여주므로 형태적인 변형이 수반되어도 수식 용법은 형용사의 고유한 기능이다. 한국어에서 영어의 경우처럼 형태변화 없이 그 자체로 수식이 가능한 품사는 '새', '헌', '이', '그', '저' 등의 관형사이다.2)

2) 부사형

형용사는 '-게', '-도록' 등의 부사형 어미와의 결합에 의해 부사형으로 된다. 앞에서 살펴본 파생의 '-이'나 '-히'와 더불어 특히, 굴곡의 '-게'와의 형용사 결합에 대해서는 여러 논의가 있어왔다. '-게'는 부사형 어미로 거의 모든 형용사와 결합할 수 있으나, 파생접미사인 '-이'나 '-히'는 그렇지 않다. 따라서 '-이'나 '-히'와 '-게'의 가능한 형용사 결합 유형에 대해서는 광범위한 형용사를 대상으로 비교, 대조하는 (14)와 같은 고찰이 요구된다. 각 유형에 속하는 형용사들에 대하여 의미적, 상적 특징을 살펴보아야 할 것이다. 이에 대한 자세한 논의는 이 논문에서는 하지 않고 후일로 미루겠다.

(14) '-이'와 '-게'의 형용사 결합 유형3)

① -이/-게

② *-이/-게

③ -이/*-게

④ *-이/*-게

---

2) 목정수(2001)에서는 형용사처럼 수식어로서 사용되는 소수의 닫힌(CLOSED) 품사인 관형사를 형용사에 포함시킬 것을 주장하고 있다.

3) '-이'를 파생의 대표형으로 보았다.

3.1.4. 언어 유형론적 고찰

이번 장에서는 앞에서 살펴본 한국어 형용사의 형태적 특징을 토대로 형용사의 언어유형론적 분류 기준을 정립한 후, 이 기준에 따라 몽골어, 일본어, 터키어의 유형[4)]에 대해서도 살펴보겠다. 유형 분류 기준을 제시하기 이전에 앞에서 살펴본 한국어 형용사의 형태적 특징을 요약하면 다음과 같다.

형태적 구성의 측면에서 형용사는 단일어와 복합어로 구성되며, 외래어의 경우 대부분 복합어를 구성하는 '-하다'와의 결합으로 적극적으로 새로운 형용사로 편입된다. 소위 비교급, 최상급의 경우, 어미가 변화하지 않고 비교대상에 조사가 결합하여 부사의 수식으로 이루어진다.

형용사는 서술 구조에서 계사 없이 나타나며 동사와 같이 어미 활용한다. 명사는 서술 구조에서 계사와 함께 나타나며 계사는 활용한다. 수식 구조를 보면 관형사형 형태소 '-은'이 결합된 관형사형이 명사를 수식하며, 부사형 역시 형태소의 결합으로 나타난다.

형용사의 동사로의 파생은 피동이나 사동의 접사('-이-', '-히-', '-리-', '-기-', '-우-', '-구-', '-추-')와 결합하여 이루어진다. 또한 '-어 하다'와 '-어지다'와 결합하여 동사화되기도 한다. 형용사의 명사로의 파생은 '-음, -(으)ㅁ, -이, -기'의 파생 접사와 결합하여 이루어진다. 부사로의 파생은 '-이'나 '-히'의 파생 접사가 결합되어 이루어진다.

---

4) 몽골어, 일본어, 터키어는 동계어들로 소위 알타이어족에 속하는 언어들이다. 이 언어들은 수식어가 피수식어 앞에 오는 점과 서술어가 문장 끝에 위치하는 점에서 기본적으로 대등한 어순을 보인다. 따라서 수식 구조와 서술 구조의 특징을 비교, 대조함에 있어서 객관적인 평행선상에서 살펴볼 수 있다.

이처럼 한국어 형용사의 형태적 특징은 우선 수식 구조와 서술 구조에서의 활용 및 계사 유무, 다른 품사로의 파생, 비교급류의 활용 여부의 측면에서 알아볼 수 있으며, 곧 이러한 특징들은 유형 분류 기준이 될 수 있다. 다음으로 형용사의 유형 분류 기준들을 범언어적으로 적용하기 위해서 아래와 같이 세분해 보았다.

(15) 분류 기준

a. 활용
수식 구조에서의 활용여부(명사를 수식할 때, 어형변화가 있는지)
서술 구조에서의 활용여부(그 자체로 활용하는지 아니면 함께 나타나는 계사가 활용하는지)

b. 계사
서술 구조에서 명사, 형용사가 다른 계사를 요구
서술 구조에서 명사, 형용사가 동일 계사를 요구
서술 구조에서 명사만 계사를 요구하고, 형용사는 계사를 필요로 하지 않음(a)활용에 포함)
서술 구조에서 계사없이 주어와 함께 병치

c. 다른 품사로의 파생
명사, 부사, 동사로의 파생이 파생 접사와 같은 형태소의 첨가로 이루어지거나 혹은 형태소 없이 그자체로 이루어짐

d. 비교급류의 활용
비교급이 형용사의 어미 활용으로 이루어지거나 아니면, 부사 및 격조사의 도움으로 이루어짐

위 분류 기준을 토대로 한국어, 일본어, 몽골어, 터키어를 비교·대조하여 다음과 같은 결과를 얻었다.5)

(16) 한국어, 일본어, 몽골어, 터키어 형용사의 유형

유형들	한국어	일본어	몽골어	터키어
① 수식 구조에서 활용	o	×	×	×
② 서술 구조에서 활용	o	o	×	×
③ 명사, 형용사가 다른 계사 요구	×	×	×	×
④ 명사, 형용사가 동일 계사 요구	×	×	o	o
⑤ 서술 구조에서 계사없이 주어와 병치	×	×	△	△
⑥ 명사로의 파생시 형태소 부착 유무	×	×	△	o
⑦ 비교급의 굴절	×	×	×	×

다양한 유형 기준들은 동사나 명사에 가까운 정도로 연속선상에서 정렬할 수 있다. 번호가 커질수록 명사에 가까운 것으로 ①이 대표적인 동사적 특징이고, ⑦은 앞에서도 언급한 것처럼 대표적인 명사적 특징이다. 이 중에서 어떤 유형을 가지느냐에 따라 정도의 차이를 보이면서 동사나 명사에 가까운 형용사로 나타나는 것이다. 이러한 논의 결과, 터키어가 가장 명사에 가깝고, 그 다음으로 몽골어가 명사에 가까웠다. 다음으로 한국어와 일본어의 형용사는 동사에 가까웠는데, 이 중에서 한국어가 동사에 더 가깝다는 것을 알 수 있었다.

이러한 결과는 또한 다음과 같이 수직선상에서 보일 수 있겠다.

5) 일본어, 몽골어, 터키어 형용사의 예문 및 자세한 언어 유형론적 고찰은 김건희(2004) 참조

(17) 동사형

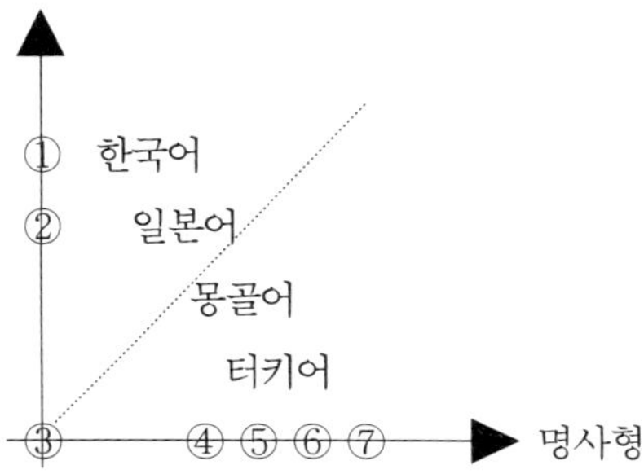

인구어 전통의 언어 유형론적 연구에서는 형용사가 서술어로 쓰일 때 계사를 필요로 하지 않고, 그 자체로 활용하면 일반적으로 동사형 형용사로 간주하였다. 대표적인 언어유형론적 연구인 Wetzer (1992)에서는 형용사의 유형에 대하여 술어 구조를 크게 동사형, 명사형, 독립형으로 나누고 이를 다시 세분하여 전체적으로 5가지로 구분하였는데, 한국어는 형용사가 서술어로 쓰일 때 그 자체로 활용하므로 동사형 형용사로 간주하였다.

이와 같이 한국어 형용사의 동사에 가까운 여러 가지 특징은 특히, 활용에서 두드러지는데, 형용사도 동사와 마찬가지로 어미와의 결합으로 서술어로 쓰이며, 수식어로도 쓰인다. 그러나 형용사가 동사와 구별되는 가장 중요한 특징은 '수식'이다.

박진호(2004)에서는 동사와 형용사의 수식과 서술 용법을 비교하기 위해 형태분석 말뭉치를 토대로 각각 종결어미, 연결어미, 명사형어미, 관형사형 어미와 결합하는 경우를 (18)과 같이 비교했는데, 형용사가 동사보다 관형사형 어미와 결합하는 빈도가 높았다. 따라서 한국어에서도 수식어로서의 형용사의 기능이 두드러지게 나타남을 알 수 있다.

(18) 서술(prediction) 용법과 수식(modification) 용법의 비교

형용사	319472		동사	1201148	
형용사+종결어미	4319	13.2%	형용사+종결어미	186135	15.0%
형용사+연결어미	111200	34.1%	형용사+연결어미	598807	48.5%
형용사+명사형어미	9208	2.8%	형용사+명사형어미	47604	3.8%
형용사+관형사형어미	**162317**	**49.8%**	형용사+관형사형어미	**401493**	**32.5%**
합	325920	100%		1234039	100%

3.2. 통사 특징

3.2.1. 주격중출 구문과 여격주어 구문

형용사의 대표적인 통사적 특징은 주격중출 구문과 여격주어 구문을 이루는 것이다. 좀더 살펴보면, 형용사의 경험주 및 소유주는 주격을 취하지만 그렇지 않을 경우도 있다. 즉, 문법적으로 주어로 기대되는 경험주 및 소유주가 주격이 아닌 간접 목적어의 여격 '-에게'가 부착된 형태로 나타나고, 다른 논항이 주격의 형태로 나타나기도 한다. 이러한 구문을 소위 여격주어 구문이라고 한다. 또한 경험주 및 소유주 이외의 다른 논항도 함께 주격으로 나타나기도 하는데, 이 구문이 국어학에서 많이 다루어졌던 주격중출 구문이다.

3.2.1.1. 주격중출 구문의 논항 구조

주격중출 구문을 형성하는 형용사의 부류는 여러 가지가 있지만, 대표적인 부류는 심리 형용사와 '있다'이다. 심리 형용사는 '어떠한 심리 상태의 경험과 그러한 경험, 곧 심리 상태를 유발하는 원인 논

항을 취하는 형용사'로 경험주와 원인 논항이 모두 주격으로 나타나는 경우가 있다.

다음으로 '있다'는 소유주와 그 대상 논항이 주격으로 실현되어 주격중출 구문을 형성한다. 이러한 주격중출 구문의 형용사에 대하여 기존 연구에서처럼 두 개의 주어로 나타난 논항들의 관계[6]에 집중하기보다는 경험주, 혹은 소유주를 취하는 형용사 부류인 심리 형용사와 '있다'의 논항 구조와 통사적 특성을 대상으로 고찰하고자 한다.

주격중출을 형성하는 구문을 크게 의미역의 측면에서 다음과 같이 두 부류로 나누어 살펴보겠다. 하나는 경험주와 원인 논항이 주격중출된 것이고, 다른 하나는 소유주와 대상 논항이 주격중출된 것이다.

1) [경험주]-이+[원인]-이

경험주 구문은 경험주를 명시적으로 취하는 문장으로 경험주는 어떤 심리 상태를 경험하는 주체이므로 심리 형용사문이 주요 고찰 대상이다. 경험주 구문은 크게 두 가지로 볼 수 있는데, 하나는 경험주가 주어로 나타나는 것이고, 다른 하나는 경험주 이외의 경험을 유발시킨 원인이 주어로 나타나는 것이다. 전자의 경우, 경험주와 그 외의 다른 논항도 형태적으로 주격 조사를 취할 수가 있는데, 이러한 구문을 주격중출 구문이라고 한다. 후자의 경우는 경험주 이외의 다른 논항이 주격을 취하므로, 문법적 주어로 기대되는 경험주는 여

---

6) 기존의 연구를 종합해 보면 주격중출 구문에 나타난 두 주어 사이의 관계는 다음과 같이 상세화할 수 있다.
소유주-소유물, 전체-부분, 친족관계, 상위 사물-하위 사물, 사물-수량사

격으로 나타난다. 이 구문이 여격주어 구문이다.

일반적으로 경험주를 취하는 형용사문은 다음과 같이 취하는 논항들이 두 개의 주격으로 나타난다.

(19) a. 나는 실내에서 모자를 쓰고 다니는 사람들이 꼴사납다.
b. 우리는 그녀가 수양회에 간 사실이 즐겁고 흐뭇했다.

이러한 주격중출 구문을 보면 경험주와 그러한 경험을 유발한 원인이 모두 주격의 형태로 나타난다. 원인의 논항은 '-것, -기'의 명사절로도 나타난다.

(20) a. 어머니는 단지 아들이 머리가 좋다는 것이 흡족하신 것이다.
b. 나는 혼자서 화장실에 가기가 좀 무섭다.

2) [소유주]-이+[대상]-이

'있다' 형용사문의 경우를 살펴보면, 소유주와 그 소유 대상이 역시 두 개의 주격으로 나타난다.

(21) a. 나는 사과가 있다.
b. 제주도는 섬이 많다.

'있다'는 소재를 나타내므로 소유주는 성질 형용사문과는 달리 (21a) 인간 논항, (21b) 비인간 논항이 모두 올 수 있다.

3.2.1.2. 여격주어 구문의 논항 구조

여격주어 구문은 주어로 기대되는 논항이 주격이 아닌 간접목적어 여격의 형태로 나타나는 구문이다. 여격주어 구문에는 어떤 대상을 소유한 소유주를 나타내는 '있다' 구문이 있고, 경험주가 여격의 형태로 나타나고 다른 원인 논항이 주격으로 나타나는 심리 형용사 구문이 있다.

여격주어를 형성하는 구문을 크게 의미역의 측면에서 다음과 같이 두 부류로 나누어 살펴보겠다. 하나는 여격의 소유주와 주격의 대상 논항으로 이루어진 구문이고, 다른 하나는 여격의 경험주와 주격의 원인 논항으로 이루어진 구문이다.

1) [소유주]-에게(는)+[대상]-이

이 구문은 소유를 나타내는 술어인 '있다'의 구문으로 그 실제 예문을 보면 다음과 같다.

(22) a. 나에게 돈이 있다.
　　b. 그 사람에게는 명예가 있다.

존재 형용사는 대상의 소재를 나타내므로 소유주는 인간 논항뿐만 아니라 장소의 비인간 논항이 오기도 한다. 이 경우 '-에게, -에게는'보다 '-에'가 자연스럽다.

(23) a. 학교에 영희가 있다.
　　b. 마을 회관에 사람들이 있다.

그러나 이 논문에서는 주격중출 구문과 논항 교체 관계에 있는 여격주어 구문을 중심으로 살펴보고자 함으로 위와 같이 비인간 논항인 구체적인 장소의 소유주는 주격중출 구문으로 논항 교체가 부자연스러우므로 배제하겠다.7)

(24) a. *학교가 영희가 있다.
b. *마을 회관이 사람들이 있다.

2) [경험주]-에게(는)+[원인]-이

여격주어 구문은 특히 심리 형용사 구문에서 '[원인]-이 [경험주]-에게/에게(는) 형용사'나 혹은 '[경험주]-에게/에게(는) [원인]-이 형용사'로도 나타난다.

(25) a. 나에게 그 집이 웬지 낯설었다.
b. 그 집은 나에게 웬지 낯설었다.

(25)에서 여격주어 구문은 그 어순이 자유롭게 나타남을 알 수 있다.

이상에서 살펴본 것처럼 형용사문은 일반적으로 주격중출 구문을 이루고, 일부는 여격주어 구문을 이루는 통사 특징을 보인다. 이에 대한 자세한 고찰은 따로 독립하여 7장에서 다루겠다.

---

7) 대상논항과 소유주가 모두 비 인간 논항인 경우는 주격중출 구문과 여격주어 구문의 교체가 가능하기도 하다.
학교가 피아노가 있다.
학교에 피아노가 있다.

3.2.2. 통사 구조 도식

이 장에서는 논항 교체, 논항 확장 등으로 확대된 형용사의 다양한 논항 결합 양상을 살펴보겠다. 이러한 형용사의 통사 구조에 대하여 동사구의 다층적인 구조, Chomsky(1995)의 동사구 껍질(vP-shell) 이론을 형용사구 껍질(aP-shell) 이론으로 발전시킨 Bennis(2000)의 논의를 수용하는 입장을 취하여 한국어 형용사의 통사 구조에 대해 도식해 보기로 한다.

Chomsky(1995)와 Bennis(2000)의 논의를 살펴보기 전에 형용사구에 대한 통사적 논의를 논항 정렬(Argument Alignment)의 관점에서 고찰한 Stowell(1991)의 논의에 대하여 먼저 살펴보자.

3.2.2.1. Stowell(1991)의 논의

Stowell(1991)은 일찍이 형용사구에 대한 통사적 접근을 하였는데, 개별적 층위, 장면적 층위 술어의 성격[8]을 동시에 갖는 형용사의 통사 구조를 도식적으로 보여주고 있다. Stowell(1991)의 형용사구의 도식을 살펴보면 다음과 같다.

(26a)는 주어의 본질적인 속성을 나타내는 개별적 층위 성격의 형용사 통사 구조이고, (26b)는 특정 사건과 관련된(temporally bound) 장면적 층위 성격의 형용사 통사 구조이다. 여기에서 알 수 있듯이,

---

8) 개별적 층위와 장면적 층위 형용사에 대해서는 6장에서 자세히 다루겠다. 여기서 간단히 소개하면, 개별적 층위 및 장면적 층위 술어는 앞에서 살펴본 논항 확장과 관련지어 생각해 볼 수 있다. 소유주를 취하는 형용사가 논항 확장으로 다양한 논항들을 취함으로써, 대상 그 자체의 단순한 상태를 나타내는 개별적 층위 술어에서 상태에 대한 판단 근거가 명시되는 내용인 기준주, 비교대상. 비교영역, 이유 논항, 영향 대상 등의 사건 논항을 취한 장면적 층위 술어로 전환되는 것이다.

개별적 층위의 형용사에서 사건적인 장면적 층위의 형용사로의 전환은 또 하나의 형용사구를 더 부과시킴으로써 이루어진다.

여기서 사건 논항은 Kratzer(1989)의 논의처럼 소유주 논항보다 상위에 위치하며 외부 논항임을 알 수 있다. 그러나 Stowell(1991)은 논항이 외부적이라는 것은 의미역을 부여하는(Θ-marking) XP에 대해서 외부적이라고 확대, 적용하였다. 외부, 내부 논항이란 개념을 처음으로 소개한 Williams(1981)에서처럼 외부 논항은 동일 범주의 최대투사 밖에 나타나는 요소로 본 것이다.

(26) a. 개별적 층위(individual-level) 형용사

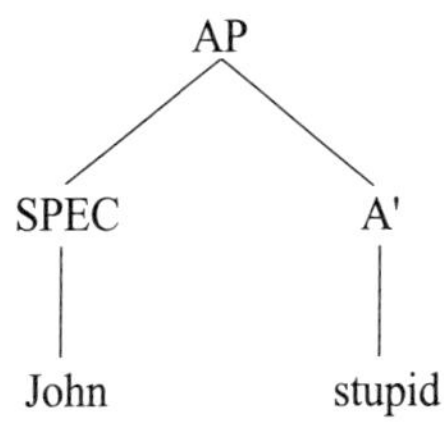

b. 장면적 층위(stage-level) 형용사

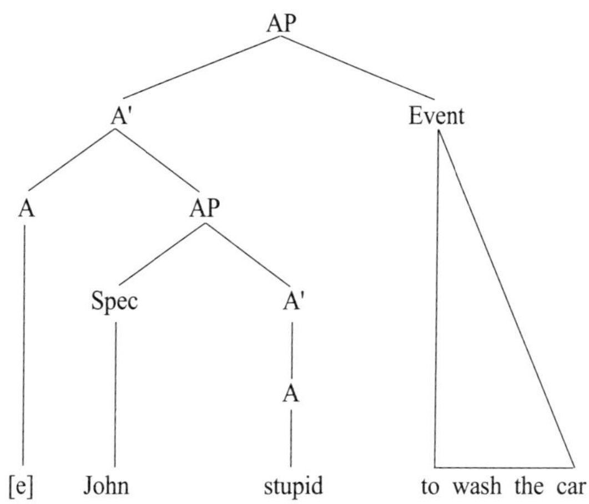

이와 같은 Stowell(1991)의 논의에 의하면 개별적 층위, 장면적 층위의 성격을 동시에 갖는 형용사는 외부 논항을 가지며, 따라서 형용사가 외부 논항이 부재하는 비대격 술어라고 단정할 수는 없다는 것이다.

3.2.2.2. 형용사의 통사 구조

형용사의 통사 구조를 밝히기 위해서 먼저 최소주의의 동사구 껍질 이론을 검토하고 이를 형용사의 껍질 이론으로 발전시켜 통사 구조를 도식해 보겠다.

Chomsky(1995)의 동사구 껍질 이론에 의하면 동사구는 단층적인 구조(VP)와 다층적인 구조(vP, VP)의 이중적인 구조로 이루어진다고 하였다. 내부논항은 하위 동사구(VP)의 지정어와 보충어의 위치를 차지하며 외부논항은 상위 동사구(vP)의 지정어(specifier)라고 하였다.

의미역과 관련지어 상위 동사구의 지정어는 행위주나 원인 논항을 가진다고 하였다. 따라서 외부 논항은 행위주나 원인 논항을 갖는 것이다. 상위 동사구가 존재하면 외부논항, 곧 행위주나 원인 논항을 가지며, 술어의 성격까지 결정짓는 것이다. 상위 동사구가 존재하지 않으면 외부 논항이 없으므로 이는 비대격의 술어가 된다고 할 수 있겠다.

따라서 단층적인 하위 동사구 구조는 외부 논항이 없는 비대격 술어의 구조이고, 다층적인 상위 동사구 구조는 외부 논항이 존재하는 비능격의 구조인 것이다. 이러한 동사구 껍질 이론은 논항 구조와 통사 구조를 연결시키는 중요한 이론이다.

Chomsky(1995)는 다층적인 동사구의 구조를 아래와 같이 도식하였다.

(27)

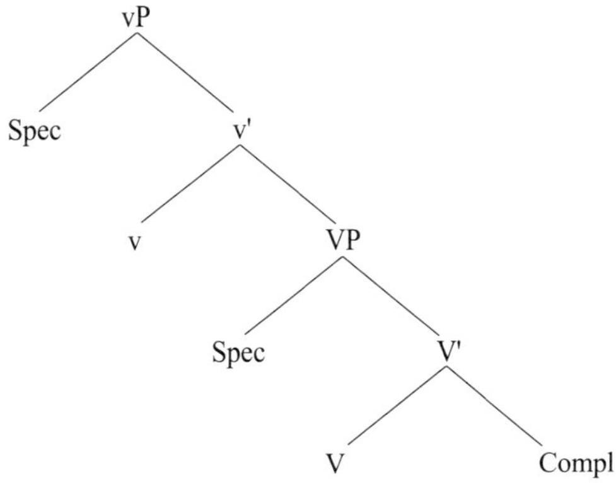

동사구 껍질 이론은 한국어 형용사구 껍질 이론으로 적용할 수 있다. 곧, 상위 형용사구(aP)를 가지면 외부 논항이 생성되므로 비능격 형용사가 되고, 외부 논항이 없으면 비대격 술어 구조인 단순한 하위 형용사구(AP) 구조가 되는 것이다. 그러나 한국어 형용사는 많은 경우에서 다양한 논항 결합 양상으로 Chomsky(1995)와 같은 다층적인 구조를 보이므로, 외부 논항이 존재하는 비능격성을 보인다.

Bennis(2000)는 심리 술어의 구조를 동사구 껍질 이론에 입각하여 네덜란드어를 중심으로 분석하였는데, 먼저 술어를 상위 동사구가 없는 단층적인 하위 동사구 구조와 상위 동사구가 있는 다층적인 동사구 구조로 나누었다. 전자는 비대격 술어이고, 후자는 다시 두 부류로 나누었는데 상위 동사구가 동적이면(dynamic) 행위주의 의미역을 가지고, 상위 동사구가 정적이면(static) 소유주의 의미역을 가진다고 하였다.

상위 동사구의 상적인 차이는 곧 동사와 형용사를 구분하며, 이러한 관점으로 동사구 껍질 이론을 형용사구 껍질 이론으로 발전시킬 수 있었다. 이 논의를 형용사구 껍질 이론으로 발전시켜 아래와 같이 단층적인 비대격 형용사와 다층적인 비능격 형용사의 구조를 제시하였다.

(28) a. 비대격 형용사의 구조

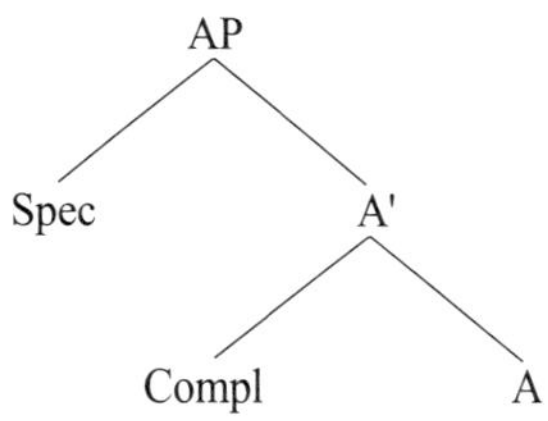

b. 비능격 형용사의 구조

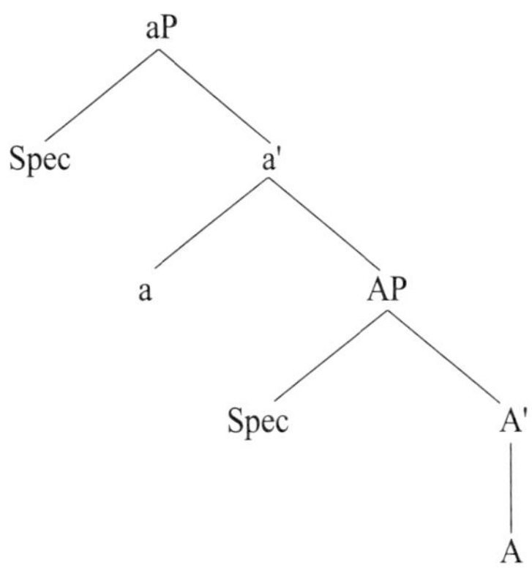

이와 같이 Bennis(2000)의 논의에 의하면, 소유주 논항을 취하는 형용사는 비대격 술어가 아니며 다층적인 구조를 가진다. 또한 소유주 논항은 상위 형용사구의 지정어인 외부 논항이라고 결론지었다.

이는 뒤에 가서 자세히 설명하겠지만, 사건 논항을 취하는 장면적 층위 성질 형용사의 소유주 논항은 외부 논항이며 비대격성을 보이지 않는 것이다.

개별적 층위를 나타내는 성질 형용사와 형상 형용사의 기본 문형의 경우, 소유주라는 단일한 논항을 취하면 상위 형용사구가 없는 단순한 하위 형용사구 구조 즉, 전형적인 비대격 술어의 성격을 지닌다.

따라서 소유주의 의미역을 가지는 주어는 단순한 하위 형용사구의 지정어로 보며, 그 통사 구조를 도식하면 다음과 같다.

(29) 개별적 층위(individual-level) 술어의 경우(기본 문형)

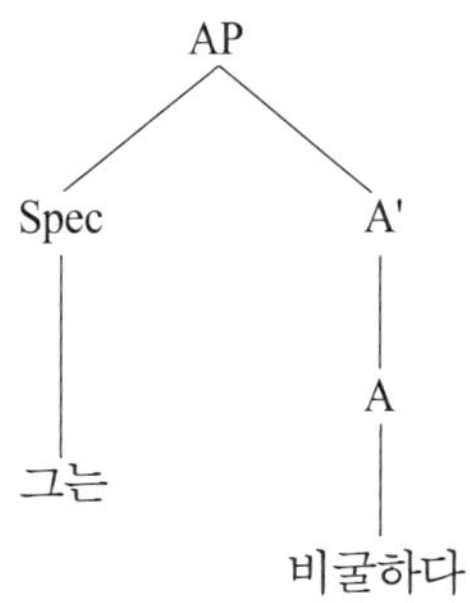

논항 확장이 나타나 사건 논항을 취한 장면적 층위의 한국어 성질 형용사의 경우, 형용사구 껍질 이론에 의하면 단층적인 하위 형용사구(AP) 구조에 상위 형용사구(aP) 구조가 부과된 다층적인 구조를 보이는 것이다.

이때 사건 논항은 상위 형용사구의 지정어로서 외부 논항으로 보며, Chomsky(1995)에 의하면 이 외부 논항은 의미역상 행위주나 원인의 의미역을 갖는다고 하였는데, 행위를 명시하는 성질에 대한 판단의 원인이 되는 논항이 바로 사건 논항인 것이다. 소유주 논항은 하위 형용사구의 지정어이며 영향을 입는 대상은 하위 형용사구의 보충어로 나타낼 수 있다.

이러한 한국어 성질 형용사의 통사 구조를 도식하면 다음과 같다.

(30) 장면적 층위(stagel-level) 술어의 경우 1

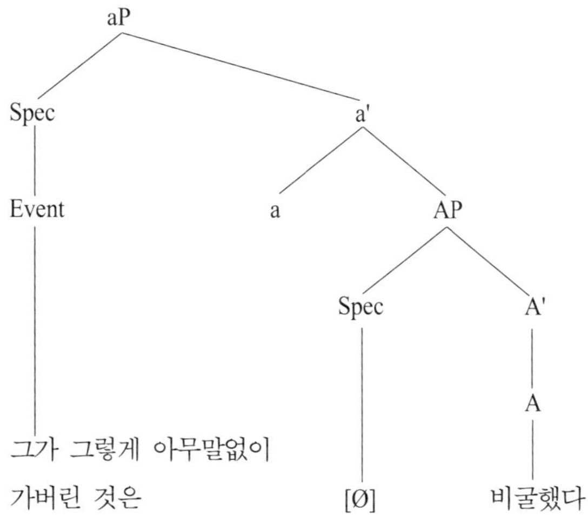

(31) 장면적 층위(stage-level) 술어의 경우 2

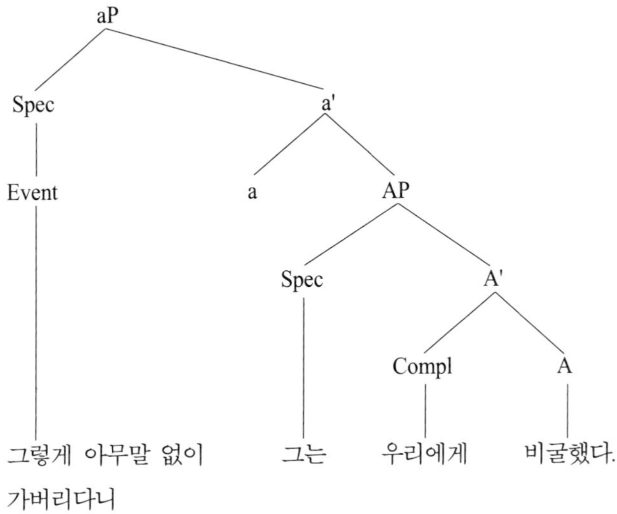

다음의 경우는 사건 논항은 나타나지 않고, 영향입은 대상만 나타난다. 이러한 경우, 암시적으로 사건 논항을 설정할 수 있는 장면적 층위이므로, 다층적인 구조를 설정하되, 다만 사건논항이 명시되지 않은 아래와 같은 구조로 나타낼 수 있겠다.

(32) 장면적 층위(stage-level) 술어의 경우 3

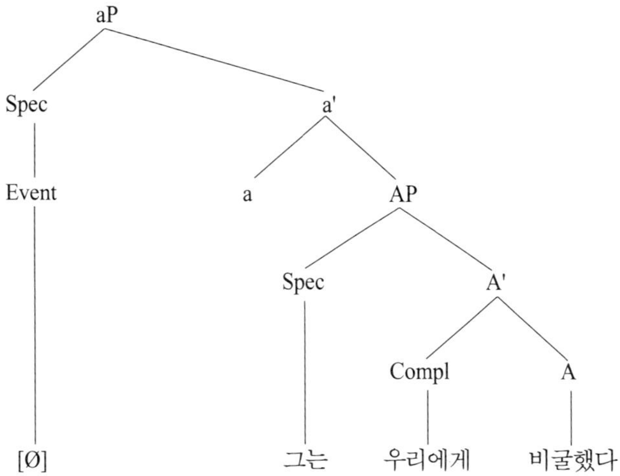

지금까지 한국어 형용사의 통사 구조를 개별적 층위 및 장면적 층위의 술어적 특징을 모두 보이는 성질 형용사를 중심으로 통사 구조를 도식해 보았다. 이러한 개별적 층위 및 장면적 층위 술어의 논항적인 특성에 대해서는 6장을 통하여 자세히 고찰하겠다.

제4장 형용사 논항 구조 연구를 위한 기본 논의

형용사의 논항 구조는 일반적으로 주어 논항 하나만을 취하는 구조에서 논항 교체와 논항 확장의 논항 구조 변화가 나타난다. 이러한 논항 구조 변화는 다층적인 상태라는 형용사의 의미 특성에 기인한 것이다. 즉, 형용사의 상태성은 생성적인 의미 전이를 이끌어 내고, 이는 논항 구조 변화로 통사적으로 나타나는 것이다.

이번 장은 앞으로 5, 6, 7장에서 고찰할 형용사의 논항 구조를 비롯하여 사건 구조 및 상적 특징에 관한 대략적인 기본 논의이다. 먼저 논항 교체와 논항 확장이 일어나는 형용사의 논항 구조에 관해서 고찰한다. 다음으로 이러한 논항 구조 변화의 토대가 되는 형용사의 다층적인 상태를 나타내는 상적 특징이 어떤 기제로 나타나는지 논의하겠다. 또한 이러한 상적 특징이 사건 구조와 어떻게 관련되는지를 살펴볼 것이다.

4.1. 논항 교체와 논항 확장

개별 형용사들인 성질, 평가 형용사들은 표면적으로 논항 교체와 논항 확장을 보이며 다른 개별 형용사인 평가 형용사로 전환된다. 이렇게 형용사가 다른 형용사 범주로 전환된다고 설정한 것은 원래 형용사와 의미적, 상적, 사건 구조적 측면에서 차이를 보이기 때문이다. 이것은 형용사가 단순한 '상태(state)'가 아닌 다층적인 상태임을 나타낸다. 형용사는 논항 교체와 논항 확장의 논항 구조 변화와 함께 나타나는 의미 전이로 다층적인 상적 특징을 의미, 통사 구조에 드러내는 것이다.

논항 교체와 논항 확장이 이루어지는 형용사의 다양한 논항 분포에 대한 폭넓은 고찰은 형용사를 분류하는 토대가 되며, 이러한 형용사의 논항 구조는 의미적, 상적, 사건 구조적 특징과 상관관계를 가진다.

이 논문에서는 논항 구조에 대하여, 외부 논항인 주어 하나만을 요구하는 단순한 구조에서부터 외부 논항 이외의 논항을 필수적으로 요구하는 복잡한 구조까지 논항들이 교체, 확장되는 양상이 나타나는 것을 고찰한다. 김건희(2003a)에서는 심리 형용사의 논항 교체에 대하여 다음과 같이 3가지 유형을 설정하였다.

(1) 단독 논항 교체

경험주 혹은 원인 논항이 서로 교체되면서 둘 중에 하나만 실현됨

a. [경험주]-이 형용사
[원인]-이 형용사

b. 그는 무서웠다.
그 영화는 무섭다.

(2) 경험주-원인 상호 교체

경험주 및 원인 논항이 모두 표면구조에 나타나되, 하나는 주격 중출로 실현되어 둘 다 주격의 표지로 나타나고 다른 하나는 원인 논항이 주격으로 실현되고 경험주 논항은 여격으로 실현되어 경험주와 원인 논항이 격표지에 의해 교체됨

a. [경험주]-이 [원인]-이 형용사
   [원인]-이 [경험주]-에게(는) 형용사

b. 우리는 그의 뻔뻔스런 태도가 황당했다.
   그의 뻔뻔스런 태도가 우리에게는 황당했다.

(3) 원인의 정도성에 의한 교체

경험주와 원인 논항이 모두 나타나지만 원인 논항의 표지를 달리 함으로써 원인 논항에 의하여 경험주가 영향입는(affectedness) 정도가 더 강화되는 것을 보여줌

a. [경험주]-이 [원인]-이 형용사
   [경험주]-이 [원인]-로 형용사

b. 영희는 그 일이 슬펐다.
   영희는 그 일로 슬펐다.

c. [경험주]-이 [원인]-이 형용사
   [경험주]-이 [원인]-에 형용사

d. 나는 누이의 야박한 말투가 서러웠다.
나는 누이의 야박한 말투에 서러웠다.

이러한 논항 교체 유형 분류는 심리 형용사만을 대상으로 한 것으로 '단독, 상호'와 같이 논항의 표면 구조에 나타난 논항의 유무 및 동일 논항의 격표지로만 분류한 것이다. 남승호(2004)에서는 한국어 술어의 논항 교체 현상을 종합적으로 분석하기 위하여 광범위한 논항 교체 패턴을 제시하였다. '의미유형에 의한 분류', '논항 구조 변화에 따른 분류', '통사적 분류'를 제시하였다. 특히, 논항 구조 변화에 따른 분류에서는 '내부 논항 교체', '외부 논항 교체', '의미역 교체', '동일 목록 유지'로 세밀하게 분류하였다.

이 논문에서는 형용사의 논항 구조에 대하여 다음과 같이 살펴보았다. 먼저 형용사의 논항 결합 양상은 크게 논항 확장과 논항 교체로 나타나고, 논항 교체는 격표지 교체, 의미역 교체로 세분된다.

내부 논항과 외부 논항의 경우로 각각 나누어 살펴보자면 다음과 같다. 내부 논항의 경우를 보면, 형용사는 기본 문형인 외부 논항 하나만 취하는 구조에서 비교대상, 비교영역, 영향이 미치는 대상, 이유 논항 등의 내부 논항이 확장되면서 기본 문형과는 다른 의미적, 상적, 사건 구조적 특징을 보인다. 이를 '논항 확장'이라고 하겠다.

김건희(2003)에서 살펴본 '상호교체, 정도성에 의한 교체'와 같이, 외부 논항과 내부 논항이 상호 교체되는 것과 동일한 내부 논항들이 의미역의 변화 없이 격표지만 달리하는 경우도 나타난다. 이를 모두 '격표지 교체'라고 하겠다.

'격표지 교체'는 내부 논항들이 격표지가 다르게 나타나는 것으로, 더 이상의 논항 구조 변화 없이 격표지 교체만 이루어지는 형용사 부류가 많다. 기본 문형 자체가 소유주나 경험주 외에 다른 논항을 요구하는 것으로 선행 연구에서는 '교차 장소보어 구문', '장소 교차 형용사', '처소 논항 교체'이라는 명칭으로 하나의 독립된 형용사 부류로 연구되었다.

(4) 교차 장소보어 구문

a. N_{0i} N_{1j}-에 VN_{0j} ↔ N_{0j} N_{1j}-로 V

b. 그 여자의 목소리가 아직도 내 귓전에 쟁쟁하다.

내 귀전이 아직도 그 여자의 목소리로 쟁쟁하다.

(홍재성(1986) 참조)

(5) 장소 교차 형용사

a. (NP1-에) NP2-가 Adj ↔ NP1-가 (NP-로) Adj

b. 안방 툇마루 앞에 벌써 신발이 그득하다.

↔ 안방 툇마루 앞이 벌써 신발로 그득하다.

(유현경(1998) 참조)

(6) 처소 논항 교체

a. 극장에 관객들이 가득찼다.

극장이 관객들로 가득찼다.

b. 새벽길에 안개가 자욱하다.

새벽길이 안개로 자욱하다.

(남승호(2002) 참조)

외부 논항의 경우를 보면 '의미역 교체'가 나타난다. 심리 형용사는 외부 논항의 자리인 주어 위치에 내부 논항인 원인 논항이 나타나는 경우가 있다. 즉, 경험주와 원인 논항이 단일 논항으로 교체되는 현상이 있는데 이를 '의미역 교체'라고 하겠다.

(7) 소설은 지루하다.
나는 지루해서 하품을 했다.

형용사의 논항 구조를 구체적으로 예문과 함께 살펴보자. 예를 들어 '가깝다'의 경우, 아래와 같은 예문에서는 기존의 분류에서처럼 대상의 성질이나 상태를 나타내는 단순한 성상 형용사가 된다.

(8) a. 우리집은 여기서 가깝다.
b. 가까운 식당에 들려 먼저 밥이나 먹자.

또한 의미역과 격틀을 중심으로 한 분류에서는 일반적으로 격틀이 교체되는 대칭 형용사(유현경(1998) 참조)로 분류되기도 한다.

(9) a. 인천은 서울과 가깝다.
b. 인천과 서울은 가깝다.

그러나 다음과 같이 논항 확장이 일어난 경우, 이 논문에서는 평가 형용사로 전환된다고 보았다.

(10) a. 체코 체조 선수의 회전 기술은 신기에 가까웠다.
b. 그것의 실체는 무국적 혼성 장르에 가깝다.

여기서, '신기', '무국적 혼성 장르'는 생략이 되면 비문이 되는 필수적인 논항인 것이다.

(11) a. *체코 체조 선수의 회전 기술은 가까웠다.
b. *그것의 실체는 가깝다.

주어 하나만을 요구하는 형용사가 주어인 외부 논항 이외에 다른 논항들을 취하면서 즉, 논항이 확장되면서 의미 전이를 확인할 수 있다. 논항 구조 변화와 더불어 나타나는 의미 변화로 형상 형용사에서 평가 형용사로 전환되는 것으로 본 것이다.

위와 같이, 형용사의 의미 전이는 논항 구조 변화에서 확인된다. 내부 논항이 확장되거나 외부 논항이 교체되면서 의미 전이, 곧 다의성을 나타내는 것이다. 이러한 형용사의 다의성과 논항 구조 변화는 근본적으로 형용사의 다층적인 상태에서 기인한다. 또한 이러한 형용사의 다층적인 상태는 복합적인 사건 구조로 표상된다. 4.2에서는 이러한 형용사의 상적 특징과 사건 구조를 살펴보겠다.

형용사의 논항 구조에서 '격표지 교체'가 일어나는 일부 부류를 제외하고는 외부 논항 하나만 나타나는 경우를 기본 문형으로 보고, 이러한 기본 문형에서 논항 교체나 논항 확장이 이루어지는 것으로 보았다.

경험주는 사건을 경험하는 주체로 이러한 경험주가 주어인 형용사문들은 경험의 원인을 나타내는 논항을 취하기도 하면서 기본 문형에서 다양한 논항 구조를 보인다. 이와 같이 경험주 계열의 형용사들은 논항이 교체되는 양상을 보인다. 즉, 경험을 유발시킨 원인 논항만 표면 구조에 드러나거나, 경험주 논항이 아닌 원인 논항이 주격 표지로 나타나기도 한다.

소유주는 형용사적 의미를 나타내는 성질을 소유하는 대상으로 유정물과 무정물이 모두 포함되며 기존의 분류에서의 성상형용사의 주체인 것이다. 성상은 사물 내부의 성질과 외부의 상태로 소유주는 이러한 성질과 상태에 대한 주체이다. 소유주 계열의 형용사는 매우 포괄적인 것으로 이러한 형용사문들은 단순히 소유주만을 논항으로 취하는 경우도 있고, 이에 더하여 소유주에 대한 판단의 원인이 되는 비교 영역, 비교 대상 및 소유주의 성질과 상태를 명확하게 나타내는 내용절인 이유 논항을 취할 수 있다.

비교 영역, 비교 대상의 의미역은 기준치(Criterion)이고, 내용절인 이유 논항은 주어에 대한 판단을 명시하는 이유(Reason) 논항이다. 또한 소유주의 성질과 상태가 영향을 미치는 대상인 영향 대상(affected theme)를 취하기도 한다. 이와 같은 논항들은 보문 논항을 비롯하여 소유주의 성질과 상태를 명시하게 하는 소위 행위 명시 논항(action-denoting)[1]이다.

지금까지 살펴본 바와 같이, 논항 위치와 두 주어 형용사 부류로 각각 나누어 논항 변화가 어떤 양상을 보이는지는 다음과 같이 요약할 수 있겠다.

(12) 논항 위치에 따른 논항 변화
내부 논항 - 논항 확장, 격표지 교체
외부 논항 - 의미역 교체, 격표지 교체

(13) 두 주어 형용사 부류의 논항 변화
소유주 형용사 - 논항 확장, 격표지 교체
경험주 형용사 - 의미역 교체, 격표지 교체

앞에서 살펴본 것처럼, 논항 구조 변화와 함께 나타나는 의미 전이 뿐만 아니라, 다음과 같은 의미 변화가 나타나는 경우가 있다.

1) 이는 Mental Property를 속성으로 하는 형용사에 대한 연구를 한 Tim Stowell (1991)에서 처음 언급되었다.

(14) a. 나사가 빡빡해서 좀처럼 풀리지 않는다.
b. 이번 여행 일정이 빡빡하다.

(15) a. 소포가 가볍다.
b. 아무리 환경이 받쳐준다고는 해도 이 일은 결코 가볍지 않다.

(14a)와 (14b)에 나타난 '빡빡하다'는 서로 성격이 다르다. (14a)는 '나사'의 객관적인 성질을 나타내고 있지만, (14b)는 '여행 일정'이라는 추상적 논항을 취함으로써 화자의 주관적 인식이 나타난다. 또한 '가볍다'도 마찬가지이다. 즉, '이 일'은 가볍지 않은 성질을 소유한 소유주로 화자의 주관적 인식이 나타난다. 이처럼 논항의 첨가나 격표지의 교체와 같은 구체적인 논항 구조 변화를 수반하지 않으므로 논항 구조 변화의 한 부류로 연결시킬 수는 없지만, 구체적인 사물이 아닌, 추상적인 새로운 외부 논항을 취하여 의미 전이가 나타난다.

이러한 형용사의 의미 전이는 Pustejovsky(1995)가 제안한 공동합성(Co-composition)의 의미결합으로 설명할 수 있겠다. 즉, 논항의 의미 구조가 함수의 의미 구조에 변화를 가져온다는 것으로 논항의 의미가 함수에 일방적으로 흡수되는 형식과는 차이가 있다고 하겠다.

고유 의미인 '밝다'의 경우, (16)와 같이, 대상의 밝은 성질이나 상태를 나타내는 술어 함수의 의미에 논항이 그대로 흡수되는 것으로, 밝음을 나타내는 다양한 대상을 논항으로 취할 수 있다.

(16) a. 형광등이 밝았다.
b. 그나마 방안이 호롱불로 밝은 편이다.

이에 비해 (17)에서는 추상적인 외부 논항을 취하면서, 술어 함수의 의미에 영향을 끼쳐 결국 전체 문장의 의미가 달라지는 공동 합성이 나타난 것으로 설명될 수 있다.

(17) 이런 꿈나무들이 자라는 한, 우리 사회의 앞날은 밝다고 할 것이다.

이러한 공동합성으로 의미 전이를 설명할 수 있는 예를 더 들면 다음과 같다.

(18) 방이 약간 서늘했다.
그녀의 시선은 이제 서늘하기만 했다.

(19) 그녀가 끓인 매운탕은 담백하다.
철수의 성격을 한마디로 표현하자면, 담백하다.

(20) 요즘 아이들은 점점 비대해진다.
우리 조직은 사실 내실 있지 못하고, 겉으로만 비대하다.

(21) 한 여사는 옷차림에 신경을 써서 아주 깔끔합니다.
저당 잡혀 있지 않고, 등기는 깔끔합니다.

(22) 먹이에 굶주린 고양이는 날카로운 이빨을 드러냈다.
선생님의 지적은 언제나 날카로우시다.

공동합성을 동사에 적용시키면 고유 의미인 '박차다'의 경우, '발길로 냅다 차다'라는 술어 함수의 의미에 의해 논항이 그대로 흡수되는 것으로, 발로 찰 수 있는 다양한 사물들을 논항으로 취할 수 있다. 이에 비해, '우정이나 인연의 관계를 일방적으로 끊어버리다'[2]라는 의미를 취하는 '박차다'는 추상적인 논항을 취하여, 술어 함수의 의미(발길로 냅다 차다)와 대상 논항(우연, 인연, 직장)의 의미가 서로 통합되어 전체 함수에 영향을 끼쳐 새로운 의미로 생성된 것이다. 이와 같은 예를 극명하게 잘 보여주는, 다른 대상 논항을 취함으로써 전체 의미가 달라지는 동사의 예를 보면 다음과 같다.

(23) a. 철이는 더 이상 참지 못하고 밥상을 박차고 집을 나가버렸다.
b. 그렇게 직장을 박차고 새 사업을 시작한다는 것이 어디 쉬운 일인가?

(24) a. 굶주린 영수는 자동차를 타고 가는 미군으로부터 초콜릿을 받아먹었다.
b. 그 장관은 로비스트로부터 뇌물을 받아먹었다.

(25) a. 그녀는 비뚤어진 액자를 바로잡는 등 서둘러 집안을 정리했다.
b. 그는 아들의 비뚤어져가는 마음을 간신히 바로잡았다.

(26) a. 그 소녀는 내 손가락 하나를 움켜쥐고 걸었다.
b. 결국 그는 막대한 권력을 움켜쥐었다.

(27) a. 나는 담요에 싼 물건을 껴안고 잠을 청했다.
b. 그는 감당 못 할 일을 혼자 껴안고 쩔쩔맨다.

(28) a. 나는 선생님에게 팔을 꼬집혔다.
b. 그는 사기꾼에게 약점을 꼬집혀 결국 그 신세가 됐다.

---

2) 표준국어대사전 참조.

(29) a. 갑자기 접시가 깨어지고 창문이 흔들렸다.
b. 그 이전의 깨진 혼담으로 그는 장가가기가 더 어려워졌다.

4.2. 상적 특징과 사건 구조

형용사의 다층적인 상태는 다양한 논항 구조를 허용하고, 이는 복합적인 사건 구조로 나타난다. 따라서 이번에는 앞에서 살펴본 논항 교체와 논항 확장이라는 논항 구조 변화의 토대가 되는 형용사의 다층적인 상태를 나타내는 상적 특징이 어떤 기제로 나타나는지 논의하겠다. 또한 형용사의 복합적인 사건 구조가 상적 특징에 따라 하위 사건들에 어떻게 나타나는지 개괄적으로 살펴보겠다. 이러한 기본 논의를 통하여 개별 형용사들의 구체적인 상적 특징과 사건 구조는 5장과 6장을 통하여 고찰하겠다.

술어의 상(aspect)은 술어가 나타내는 사건의 시간적 구성을 의미한다. 상적 특징에 따른 사건 유형을 Vendler(1967)는 다음과 같이 네 가지로 보았으며, 이러한 분류는 오늘날까지 일반적인 상적 의미 유형으로 간주되어 많이 인용되고 있다.

(30) 상태(state), 행위(activity), 완성(accomplishment), 달성(achievement)

이러한 상적 의미 유형을 결정하는 중요한 상적 특징들인 종결성, 순간성, 동질성, 지속성 등은 논항 결합, 부사의 수식, 보조 용언에 의해 판별될 수 있다.

먼저 논항 결합에 대해 살펴보면 다음과 같다. 논항 결합은 사건 유형을 결정하는 중요한 역할을 해왔고 상적 특징에 영향을 미치는 이러한 논항 결합에 대해서는 일찍부터 여러 학자들이 주목해 왔다.

Dowty(1991)는 의미적인 접근을 하였다. 즉, 누적적 대상(Incremental theme)에 의해 종결성이 결정된다고 보았다. '먹다'의 경우를 논의했는데, 한국어를 예로 들어 살펴보자.

(31) 나는 고구마를 먹었다.

내부 논항인 '고구마'는 그 자체로 종결성을 내포하여 먹는 사건의 종결점으로 연결된다. 즉, 사건이 진행됨에 따라 내부 논항에 변화가 있다.

Tenny(1992)는 2장에서 살펴본 것처럼 Aspectual Interface Hypothesis 가설로 상에 대한 통사적인 접근을 하였다. 심층 구조(d-structure)에서 명사구가 차지하는 특정한 통사적 위치에 의해 사건을 계량(measure out)한다고 보았다. 즉, 직접 목적어인 내부 논항이 사건을 계량하며 이는 상적 특징인 한정성, 곧 종결성의 유무로 나타난다고 하였다.

(32) Delimitedness:
destroy the city (in an hour/*for an hour)
climb a tree (in an hour/?for an hour)

위 문장에서 시간을 나타내는 부사로 종결성 여부를 확인할 수 있다. 사건의 끝점을 갖는 종결성의 '한 시간 만에(in an hour)'라는 부사와 결합할 수 있는 문장들은 직접적인 내부 논항이 사건을 계량하는 것이다. 사건 지속의 종결점이 없는 부사인 '한 시간 동안(for an hour)'과는 결합하지 못하는 것이다.

두 논의는 주로 내부 논항이 한정성(delimitedness) 곧 종결성을 내포하여 사건의 끝점을 갖는다는 것에 초점을 맞춘 것이다. 다음으로 Verkuyl(1972, 1999) 등에서는 논항의 결합에 의해 술어의 사건 유형을 결정하는 것으로 논의하였다. Verkuyl(1999)에서는 내부 논항 못지않게 외부 논항(external argument)도 동등하게 상적 의미 유형을 결정하는데 중요한 역할을 함을 지적하고 있다. 나아가 Verkuyl (1999)에서는 상적 의미 유형을 결정하는 인자들인 외부 및 내부 논항 결합, 부사수식을 각각 상위, 하위 상적 인자로 차별화하였다. (33a)가 (33b)와 같이 부사의 수식으로 확장되는 경우를 살펴보자.

(33) a. Judith ate a sandwitch

b. *Yesterday* Judith ate a sandwitch *in the bathroom at night*

(33b)는 부사의 수식이 이루어졌음에도 원래의 종결성은 더 상위의 상적 인자(논항 결합)에 의해 이미 공고해졌기 때문에 변하지 않는 것이다. 즉, 술어와 외부 및 내부 논항과의 결합을 상적 핵심(aspectual kernel)이며, 내부 상성(inner aspectuality)이라고 명했다. 또한 예문에서와 같이 내부의 상적 정보를 수식하는 부사와의 결합을 적용한 결과를 외부 상성(outer aspectuality)이라고 명했다. 이러한 문장의 층위적인 상성을 다음과 같이 도식했다.

(34)

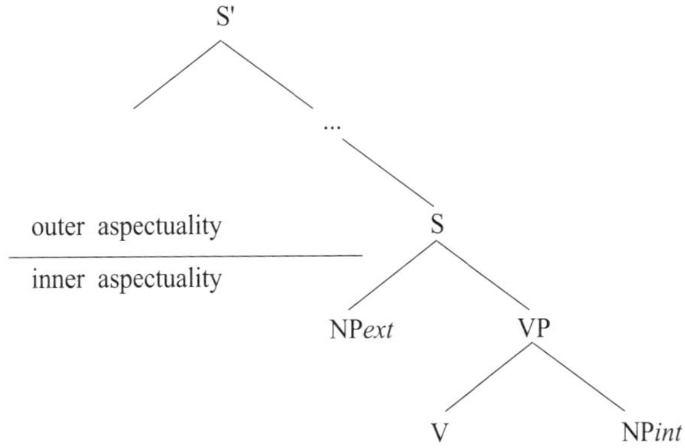

Inner and Outer Aspectuality

위와 같은 상적 인자 중에서 논항 결합은 앞에서 살펴본 바와 같이, 외부 및 내부 논항을 취하는 논항 구조의 교체 및 확장과 연관지어 생각할 수 있다. 즉, 표면 구조에 논항들을 명시적으로 드러내거나, 혹은 그렇지 않음으로써 의미적, 상적, 사건 구조적 차이가 나타나는 것이다.

Vendler(1967) 이후 영어를 대상으로 한 논의에서는 일반적으로 'for an hour'(한 시간 동안, 한 시간 내내), 'in an hour'(한 시간 만에)와 같은 부사의 수식 여부에 의해 술어의 상적 의미 유형을 결정하였다. 즉, 전자는 일정한 사건이 지속되는 것을 의미하므로 단일한 사건의 상태, 행위 술어를 수식하지만, 후자는 사건의 종결을 의미하므로, 종결성을 지닌 완성, 달성 술어를 수식한다는 것이다.

위와 같은 고찰은 한국어에서도 적용될 수 있는 것으로, 사건의 지속을 나타내는 '-동안, -내내'와 같은 부사어는 단일한 사건인 상태나 행위 술어를 수식하는 데는 문제가 없으나, 사건의 예비적 과정을 나타내는 완성이나 순간성을 나타내는 달성 술어를 수식하는

데는 문제가 있다. 이와는 대조적으로 '-만에'와 같은 시간의 기한을 나타내는 부사어는 사건의 종결점이 없고 단일한 사건이 지속되는 상태나 행위 술어를 수식하지 못하고, 사건의 종결성을 내포한 완성, 달성 술어만을 수식한다.

(35) a. 엘리베이터에 갇힌 아이들은 한 시간 내내/*한 시간 만에 두려웠다. -상태-
b. 그녀는 한 시간 동안/*한 시간 만에 달렸다. -행위-
c. 얼음이 한 시간 만에/*한 시간 동안 얼었다. -완성-
d. 우리는 한 시간 만에/*한 시간 동안 도착했다. -달성-

끝으로 한국어에서 보조 용언과의 결합을 사건 유형을 결정하는 것으로 논의한 것은 정문수(1984)에서 구체적으로 시작되었다. 정문수(1984)는 상태성, 순간성, 한계성, 결과성의 기준에 의해 동사를 상태풀이씨(상태), 순간풀이씨(달성), 완성풀이씨(완성), 비완성풀이씨(행위)로 나누었다. 특히, 상태풀이씨는 '-고 있다'나 '-는다'와 공기할 수 없으며, 형용사와 존재사가 이에 속한다고 하였다. 이후의 논의에서 '-고 있다'를 비롯하여, '-어 있다', 기동상인 '-어지다'와 같은 보조 용언과의 결합이 상적 의미 유형을 결정하는데 있어서 대표적인 통사적 기제로 논의되었다. 본 논문에서는 특히, '-고 있다'와 '-어지다'를 중심으로 살펴보겠다.

이상에서 살펴본 것처럼, 논항 결합, 부사의 수식, 보조 용언과의 결합이 어떻게 이루어지는가는 술어의 상적 특징을 나타내는 중요한 기제임을 알 수 있다. 즉, 논항 결합, 부사의 수식으로 나타나는 형용사의 논항 구조는 상적 특징을 나타낼 수 있다. 따라서 논항 교체와 논항 확장의 다양한 논항 결합 양상이 나타나는 형용사문들은 지금까지 단일한 사건 구조로 간주해온 형용사의 '상태'에 대한 깊이 있는 고찰을 요구한다.

형용사는 일반적인 상(aspect)의 4가지 부류(상태: state, 행위: activity, 완성: accomplishment, 달성: achievement)중에서 '상태'이다. 상태는 Dowty (1979) 이래로 의미적 기초 술어(primitives)[3]로 규정되어 단일한 사건 구조를 지니는 것으로 생각되어 왔다. 그러나 이 논문에서는 상태도 복합적인 사건 구조로 표상될 수 있다고 보았다.

한 문장이 복합적인 사건 구조로 표상된다는 것을 다음과 같이 부사의 수식으로 살펴보자.[4]

(36) a. 밖에 나가보니, 벌써 개울물이 꽁꽁 얼었다.
b. 조그만 통 안에서 물이 순식간에 어는 것을 보니 정말 신기했다.

(36a)에서 '꽁꽁'이 수식하는 것은 '언 결과 상태'이다. 그러나 (36b)에서 '순식간에'가 수식하는 것은 '어는 과정'이다. 상적 의미 유형이 '완성'인 '얼다'의 사건 구조는 과정과 상태라는 하위 사건들로 구성된 복합 사건으로 이루어지고, 부사가 수식하는 것은 복합적인 사건 구조의 하위 사건인 것이다. (36a)에서는 상태 사건을 수식하고, (36b)

3) Dowty(1979)는 상의 4가지 부류, 즉 상적 의미 유형을 다음과 같이 형식화하였는데, 이때 상태는 predicate'(x)로 행위와 달성의 기초 술어로 나타난다.

상태(state) : predicate'(x)
행위(activity) : DO(x, [predicate'(x) or (x,y)])
달성(activity) : BECOME predicate'(x) or (x,y)
완성(accomplishment): ϕ CAUSE ψ
(ϕ는 주로 행위 동사, ψ는 달성 동사)

4) Pustejovsky(1991)에서는 부사의 수식 양상으로 사건 구조에는 하위 사건이 존재한다는 것을 증명하였다. 박소영(2003)에서는 Pustejovsky(1991)의 논의를 토대로 부사 수식과 사건 구조와의 관계에 대하여 자세히 고찰하였다.

에서는 결과 사건을 수식한다. 이처럼 부사의 수식으로 어떤 부류의 상적 의미 유형은 사건 구조가 하위 사건들로 구성될 수 있음을 알 수 있다.

생성 어휘부 이론에서는 사건 유형을 상태(state), 과정(process), 전이(transition)의 세 가지로 나눈다. 이 중에서 상태 사건과 과정 사건은 단일한 하나의 사건인 반면 전이 사건은 두 개의 하위 사건으로 이루어져 있다. 이를 토대로 Vendler가 제안한 4가지 상적 의미 유형의 사건 구조는 다음과 같이 도식하였다.

(37) a. 상태

e
|
S

b. 행위

e
|
P

c. 완성

e0(=T)$<_{\alpha}$[5)]
/ \
e1*(=P*) e2(=S)

---

5) 이 사건은 전이 사건(Transition)으로 두 개의 하위 사건으로 구성되어 있으며, <α는 두 하위 사건들이 순차적으로 진행된다는 선후 관계를 표시한 것이다. *는 5장에서 자세히 살펴볼 사건 구조의 중점을 표시한 것이다.

d. 달성

e0(=T)$<_{\alpha}$

/ \

e1(=P) e2*(=S*)

e : event, P : process, S : state, T : transition

'상태'는 상태 사건으로만 이루어진 단일한 사건 구조이고, '행위'는 과정 사건으로만 이루어진 단일한 사건 구조로 보았다. 이에 비해, '완성'과 '달성'은 상태 사건과 과정 사건으로 이루어진 복합적인 사건 구조로 보았다.

형용사의 상적 의미 유형은 '상태'인데, 위와 같이 생성 어휘부 이론에서도 그렇고, Dowty(1979)의 논의에서도 살펴본 것처럼, '상태'의 사건 구조는 하위 사건으로 세분되지 않는 단일한 사건 구조로 생각되어 왔다. 그러나 남승호(2000)를 비롯한 논의에서 전이 사건 곧 복합적인 사건 구조일 때, 두 개의 하위 사건 사이의 관계에 대하여 다음과 같이 재고찰이 이루어졌다.

(38) a. e1/e2
b. e1+e2
c. e1(e2)
d. (e1)e2
e. Ø

(38a)는 하위 사건의 중점이 e1이나 e2 중 어느 하나에 놓이는 것이고, (38b)는 두 개의 하위 사건에 모두 중점이 놓이는 경우이다. (38a)와 (38b)는 Pustejovsky의 생성 어휘부 이론 모델에서도 제시된

것이다. 주목할만 한 것은 (38c,d,e)인데, (38c)는 중점이 항상 e1에 놓이고, e2에 선택적으로 놓일 수도 있다는 것을 의미한다. (38d)는 중점이 항상 e2에 놓이고, e1에도 선택적으로 놓일 수도 있다는 것을 의미한다. (38e)는 중점이 아예 나타나지 않을 정도로 미명세된 것이다.

위와 같은 하위 사건들의 관계에서는 '상태'의 사건 구조에서도 상태의 두 개의, 하위 사건을 상정할 수 있는 것이다. 5.3에서는 이러한 남승호(2000)의 사건 구조를 이루는 하위 사건들의 관계를 바탕으로 생성 어휘부 이론 모델에 따라 심리 형용사의 어휘 의미 구조를 기술하였다.

또한 선행 연구 Pylkkänen(2000)에서도 핀란드어 심리 술어를 토대로 사동성이 상태성과 양립하는 근거를 제시한 바 있다. Pylkkänen(2000)에서는 핀란드어 심리 술어를 토대로 사동성이 상태성과 양립하는 근거를 제시하고 있다. 핀란드어의 상태 심리 경험주-목적어 술어는 사동의 의미를 지니며, 상태 심리 술어는 사동이 대응되는 비사동 술어를 함의하지만, 비상태 심리 술어는 외부 논항이 도입하는 핵의 역할로 사동이 비사동 술어를 함의하지 않는다는 결론을 내렸다. 이와 같이 특히 '심리 형용사'의 상태에 대한 깊이 있는 고찰이 요구된다는 것을 주장하였다.

본 논문에서도 이상에서 고찰한 바와 같이, 개별적인 형용사 범주의 사건 구조는 상태의 두 하위 사건들로 이루어질 수 있다고 주장한다. 형용사의 사건 구조는 원인적인 상태와 결과적인 상태로 이루어져 있고, 결국 내부적으로 동질적이지 않은 상태 사건들로 이루어진 것이다. 형용사는 이러한 복합적인 사건 구조를 지니므로 하위 사건들 사이에는 '동질성', '종결성', '지속성'과 같은 상적 특징에서 차이가 난다.

5, 6, 7장을 통하여 개별 형용사들의 상적 특징 및 사건 구조에 대해 논의하면서, 이와 같은 형용사의 복합적인 사건 구조가 상적 특징에 따라 하위 사건들에 어떻게 나타나는지 구체적으로 살펴보겠다. 먼저, 개괄적으로 논의를 요약하면 다음과 같다.

경험주 계열의 심리 형용사같은 경우는 상적 의미 유형은 상태이지만, 상적 의미 유형을 분류하는 상적 특징의 측면에서 보자면 '인과성을 가지는 동질적이지 않은 이질적인 상태'로 다층적인 상태인 것이다. 즉, 원인적인 상태와 결과적인 상태로 이루어져 내부적으로 상태 변화를 겪는다. 이러한 다층적인 상태는 논항 구조에서 고찰한 것처럼 인과 관계를 구성하는 경험주 논항과 그러한 경험 곧 심리적 상태를 유발하는 원인 논항을 허용하는 것이다. '인과성'의 다층적인 상태는 원인과 결과의 하위 사건들로 이루어지는 복합적인 사건 구조로 표상된다. 다시 말해, 하위 사건들은 상적으로는 '상태'이고 원인과 결과의 상태 사건들로 구성된다.

소유주 계열의 성질, 형상 형용사는 상적 의미 유형은 '상태'이다. 그러나 상적 의미 유형에 나타나는 상적 특징의 측면에서 보자면, 기본 문형은 단일화된 사건 구조로 나타나지만, 논항 확장 구조는 결과적인 상태 사건에 대한 이유 및 판단의 근거를 나타내는 원인적인 상태 사건이 존재한다. 따라서 원인적인 상태 사건과 결과적인 상태 사건의 복합적인 사건 구조인 것이다.

분류된 형용사들에 대해 살펴보면, 먼저 성질(평가) 형용사는 보문의 형태를 취하는 이유 논항이나, 영향을 미치는 대상을 취하는데, 이러한 논항들은 소유주의 행위를 명시하는 사건 논항으로 볼 수 있다. 이러한 논항들이 결합된 논항 구조는 소유주 하나만 취하는 성질 형용사의 논항 구조와는 다른 상적 특징을 보이고 또한 상적 특징들로 나타나는 다층적인 상태는 소유주의 성질에 대한 판단을 나타내는 원인 사건과 원인 사건의 판단 결과 소유주의 성격적 특성을 나타내는 결과 사건의 복합적인 사건 구조로 표상된다.

다음으로 형상(평가) 형용사는 비교 영역, 비교 대상 등의 기준주를 취하면서, 소유주의 상태에 대한 주관적인 평가나 객관적인 판단 근거를 나타낸다. 이러한 논항 구조는 소유주 하나만 취하는 형상 형용사의 논항 구조와는 다른 상적 특징을 보이고, 이 논항 구조의 다층적인 상태는 소유주의 성질에 대한 주관적인 평가나 객관적인 판단 근거를 나타내는 원인 사건과 소유주의 상태를 나타내는 결과 사건의 복합적인 사건 구조로 표상된다.

Smith(1999)는 상적 상황 유형을 제시하면서 상태에 관한 세부적인 상적 특징을 '정적(static), 지속적(durative), 동질적(homogeneous)'의 세 가지로 보았다. 단일화된 사건 구조와 복합적인 사건 구조는 이러한 세부적인 상적 특징에서 차이를 보이는 것이다.

사건이 단일화된 경우는 '정적', '지속적', '동질적'인 특징을 보이지만, 복합적인 사건으로 구성된 경우는 두 개의 하위 사건들이 인과적으로 연결되어, 하나의 사건이 종결되고 다른 사건이 지속된다. 따라서 사건이 변화하므로 '역동성', '종결성', '지속성'의 상적 특징을 보인다.

제5장 경험주 계열 형용사의 논항 구조와 상적 특징

경험주 계열의 형용사들은 심리 형용사와 감각 형용사로 나뉜다. 어떠한 상태를 경험하는 주체인 경험주는 유정물로서 심리를 경험하거나 생리적인 감각을 경험하는 것이다. 심리 형용사는 '어떠한 심리 상태를 경험하는 경험주와 그러한 경험, 곧 심리 상태를 유발하는 원인 논항을 취하는 형용사'이다. 감각 형용사는 구체적인 감각을 경험하는 형용사로 '어떠한 감각 상태를 경험하는 경험주와 감각 상태가 이루어지는 신체부위를 대상 논항으로 취하는 형용사'이다.

5.1. 심리 형용사

개별 형용사 연구에서 심리 형용사는 다른 어떤 부류의 형용사보다 많은 논의가 있어 왔다. 이러한 논의들은 크게 두 가지로 나누어 볼 수가 있다.

첫째는 심리 형용사의 분류에 관한 것으로, '격틀과 의미역'에 준거하여 유형을 분류한 것으로 그 시발점이 된 Belletti, A & L. Rizzi

(1988)[1]의 논의가 있고 남지순(1993), 김세중(1994), 유현경(1998), 한송화(2000)가 있다. 특히, 남지순(1993) 이후의 논의들은 컴퓨터를 이용하여 통계적인 자료 분석을 행하는 최근의 언어 연구의 흐름에 맞추어, 코퍼스에서 추출한 실제 용례를 중심으로 심리 형용사들을 유형 분류한 특징이 있다.

둘째는 심리 형용사의 상적 특징에 관하여 연구한 것으로, 이정민(1994), 이익환(1994), 김영화(1991), Pylkkänen(2000)의 논의가 있는데, 특히 Pylkkänen(2000)의 논의에서는 심리 술어의 상적인 특성을 인과성과 연관시켜 단순한 상태인 다른 형용사들과는 달리, 심리 형용사의 상태에 관하여 깊이 있는 새로운 고찰을 시도하였다는 점이 높이 평가할 만하다.

위와 같이 살펴본 논의들을 토대로, 본 논문에서 심리 형용사는 '어떠한 심리 상태를 경험하는 경험과 그러한 경험, 곧 심리 상태를 유발하는 원인 논항을 취하는 형용사'로 보기로 한다. 왜냐하면 '심리 형용사'를 다른 일반 형용사와 구별시키는 가장 큰 특징인 '심리'는 경험하는 주체와 그러한 경험의 '원인'이 전제되기 때문에 경험주 및 원인 논항을 필수적으로 상정한 것이다.

Levin(1993)에서 분석한 영어의 심리 술어 경우를 살펴보면, 심리 술어들을 크게 네 부류로 나누었는데, 이 중 두 부류는 타동사이고 나머지 두 부류는 전치사구를 보어로 취하는 자동사이다. 타동사에 속하는 두 부류는 경험주가 주어로 실현되는가 아니면 목적어로 실현되는가의 여부에 따라 다시 나뉜다. 자동사에 속하는 두 부류는

1) 이 논의는 이탈리어를 대상으로 심리 술어를 크게 세 가지 부류로 나누었는데, 첫째, 주어가 경험주이고, 목적어가 대상인 부류(temere), 둘째, 주어가 대상이고 목적어가 경험주인 부류(preoccupare), 셋째, 경험주가 여격이고 대상이 주어인 부류(piacere)의 세 부류로 나누었다. 이러한 논의는 이후에 심리 술어를 분류하는 표준적인 기준, 즉, '격틀과 의미역'이라는 표본을 제시하였다.

경험주가 주어로 실현되는가 아니면 전치사구로 실현되는가의 여부에 따라 나뉜다. 따라서 심리 상태 술어들은 두 개의 논항을 취하는데, 여기서도 이 논항들의 의미역은 경험주와 원인이다.

기존의 논의에서는 원인 논항과 대상 논항을 구별하여 취하는 논항의 성격에 따라 심리 형용사를 분류하기도 하였다(유현경(1998), 한송화(2000) 참조). 그러나 원인 논항과 대상 논항을 구별하는 기준이 모호하고, 결과적으로 두 논항 모두 경험주의 심리 상태에 영향을 미치는 원인이 된다는 점에서 의미역상 '원인'인 하나의 논항으로 보기로 하겠다.[2]

김홍수(1993), 한송화(2000)에서는 심리 자동사와 심리 형용사는 통사 현상이 유사하기 때문에 구별하지 않고 함께 다루고 있다. 이와 같이 통사적인 논항 분포의 유사성뿐만 아니라, 심리 술어의 가장 차별화된 특성인 '심리'는 모두 '심리 상태'를 함의하므로, 의미적, 통사적 특징이 유사하다. 실제로 김홍수(1993)에서 제시한 심리 자동사 '놀라다, 취하다, 스치다, 땡기다'와 한송화(2000)에서 제시한 원인, 대상 심리 자동사[3]는 기존의 다른 논의에서는 심리 형용사로 본 것들이다.

---

2) 앞에서도 언급한 것처럼, 유현경(1998)에서는 대상에 대한 경험주의 판단을 나타낸 형용사가 대상 심리 형용사라고 보았지만, 결국 경험주의 판단의 원인이 된 점에서 원인 심리 형용사와 동일하게 볼 수 있는 것이다.

3) 원인 심리 자동사: 겁나다, 겁먹다, 골나다, 꼴리다, 노하다, 놀라다, 달뜨다, 성나다 속상하다, 신나다, 질리다, 짜증나다, 화나다.
대상 심리 자동사: 감질나다, 굶주리다, 물리다, 미치다, 싫증나다, 정들다, 정떨어지다, 주리 다, 진력나다, 질리다, 거슬리다, 거치적거리다, 기막히다, 내키다, 맞다, 물리다, 속상하다, 신나다, 싫증나다, 안되나, 재미나다, 질리다, 짜증나다, 틀리다, 화나다.

5.1.1. 논항 구조

심리 형용사는 그 속성 그대로, 경험주와 원인 논항을 기본적으로 상정하지만, 경우에 따라서 표면 구조에 두 논항 모두를 명시적으로 드러내거나, 그렇지 않을 수 있다. 또한 두 논항이 모두 나타나는 경우에도 격표지 차이가 나타나고, 의미적, 상적 차이를 나타내기 때문에 논항 구조에 대한 자세한 고찰이 요구된다.

논항 교체는 4장에서 살펴보았듯이, 의미역 교체와 격표지 교체로 볼 수 있는데, 심리 형용사는 이 중에서 의미역 교체와 격표지 교체가 모두 나타난다.

1) 의미역 교체

(1) a. [경험주]-이 형용사
[원인]-이 형용사

b. 나는 기막혀 할 말을 잃었다.
가끔 그의 행동이 너무 기막힌다.

이 논항 교체 유형은 경험주 혹은 원인만 존재하는 단일 논항을 취하는 형태이다. 이 유형에서 심리 형용사가 현재시제 평서문에서 쓰일 때는 경험주가 1인칭이 아니면 부자연스럽다. 기존의 심리 형용사 연구에서도 많이 논의된 것처럼 현재시제 평서문인 경우, 경험주는 자신의 심리를 나타내야 하므로, 1인칭이 자연스럽다. 과거형인 경우는 경험을 좀 더 객관화하므로, 경험주의 인칭에 제한을 받지 않고 다음과 같이 3인칭이 쓰여도 자연스럽다.

(2) 그는 무서웠다.
그 영화는 무섭다.

또한 원인 논항은 보문 논항(-것, -기)이 될 수 있다.

(3) a. 낙엽이 떨어지는 것은 서글프다.
b. 혼자만 서 있기가 조금 창피했다.

2) 격표지 교체 1

(4) a. [경험주]-이 [원인]-이 형용사
[원인]-이 [경험주]-에게(는) 형용사

b. 그의 뻔뻔스런 태도가 우리에게는 황당했다.
우리는 그의 뻔뻔스런 태도가 황당했다.

원인 논항과 경험주가 교체되는 이 유형은 어떠한 심리 상태를 경험하는 경험주와 그러한 심리 상태를 유발하는 원인 논항을 취하는 심리 형용사의 전형적인 논항 구조인 것이다. 다른 논항 구조의 심리 형용사들도 대부분 이 유형으로 상정해 볼 수 있다. 왜냐하면 이 유형은 심리 형용사가 요구하는 경험주와 원인 논항이 모두 나타나기 때문이다. 이때, 경험주와 원인 논항이 모두 주격으로 나타나는 주격중출 구문이 나타난다. 또한 '원인-이 경험주-에게(는) 형용사' 혹은 '경험주-에게(는) 원인-이 형용사'와 같은 논항 구조가 어순에 관계없이 나타나며, 이러한 구문을 소위 여격주어 구문이라고 한다.

본 논문에서 주격중출 구문은 논항의 단독 교체가 이루어지는 의미역 교체를 제외한 다른 두 유형에서도 교체되어 나타날 수 있으므로, 심리 형용사의 기본 문형이라고 보겠다. 다시 말해 여격주어 구문이 논항 교체에 의한 주격중출 구문의 변형 문형이라면, 주격중출 구문은 그 기본 문형인 것이다. 이러한 두 구문의 관계에 대해서는 7장에서 자세히 고찰하였다.

(5) 살림하기도 바쁜 나는 그저 친구들의 전화가 성가실 뿐이다.
살림하기도 바쁜 나에게는 그저 친구들의 전화가 성가실 뿐이다.

여기서도 원인 논항에는 역시 보문 논항이 올 수 있다.

(6) a. 10년 만에 돌아온 고향이 그에게 반갑다기보다는 저주스러웠다.
b. 그는 10년만에 돌아온 고향이 반갑다기보다는 저주스러웠다.

앞에서도 언급한 것처럼, 김세중(1994)에서는 취하는 보문의 유형(-것, -지, -ㄹ까, -기)에 따라 심리 형용사를 분류하기도 하였다.

3) 격표지 교체 2

이 유형은 두 부류로 나타나는데, 두 부류가 표면적인 격틀만 다르고 의미적, 상적 특징은 공유한다. 즉, 이 교체 유형은 원인, 대상 논항의 격이 각각, 도구격(instrument)과 처소격(locative)을 취함으로써 주격을 취한 논항보다는 원인 논항에 의하여 경험주가 영향입는(affectedness) 정도가 더 강화되는 것을 보여준다. 표면적으로는 각각 일반적으로 도구격과 처소격이라 일컫는 '-로'와 '-에'를 취하고 둘 다 사건의 '원인'이 되어 원인 논항이 된다.

(7) a. [경험주]-이 [원인]-이 형용사
[경험주]-이 [원인]-로 형용사

b. 영희는 그 일이 슬펐다.
영희는 그 일로 슬펐다.

(8) a. [경험주]-이 [원인]-이 형용사
[경험주]-이 [원인]-에 형용사

b. 나는 누이의 야박한 말투가 서러웠다.
나는 누이의 야박한 말투에 서러웠다.

5.1.2. 상적 특징

심리 형용사는 상적 의미 유형이 '상태'이다. 이러한 상태는 상적 의미 유형을 분류하는 상적 특징의 측면에서 보자면 '인과성을 가지는 동질적이지 않은 이질적인 상태'로 다층적인 상태이다. 즉, 원인적인 상태와 결과적인 상태로 이루어져 내부적으로 상태 변화를 겪는다.

심리 형용사의 '다층적인 상태'는 논항 구조에서 고찰한 것처럼 인과 관계를 구성하는 경험주 논항과 그러한 경험 곧 심리적 상태를 유발하는 원인 논항을 허용하는 것이다. 이러한 논항들은 인과 관계를 이루고, '인과성'의 다층적인 상태는 원인과 결과의 하위 사건들로 이루어지는 복합적인 사건 구조로 표상된다. 다시 말해, 하위 사건들은 상적으로는 '상태'이므로 원인과 결과의 상태 사건들로 구성된 것이다. 이번 장에서는 심리 형용사의 다층적인 상태와 이러한 다층적인 상태가 표상되는 사건 구조에 대해서 자세히 고찰해 보겠다.

1) 의미역 교체

먼저, 논항 구조 변화 중에서 의미역 교체가 일어나는 것을 살펴 보자. 경험주만 나타나는 경우는 경험주의 '결과적인 상태 사건'만 표면에 드러내는 것이다. 따라서 이 경우 원인 사건은 나타나지 않고, 원인 사건에 의해 영향 입은 결과적인 심리 상태가 결과적인 상태 사건으로 나타난다. 또한 원인 논항만 나타나는 경우는 경험주의 심리 상태를 야기하는 '원인적인 상태 사건'만 표면에 드러난 것이다. 따라서 이 경우는 복합적인 사건 구조 중 하나의 하위 사건만 표면에 나타나 사건 구조가 단일화됨을 알 수 있다.

상적 특징은 4장에서 살펴본 것처럼, 논항 결합, 부사의 수식, 보조 용언과의 결합으로 판별할 수 있는데 특히, 이 교체 유형은 경험주 혹은 원인 논항 하나만 취하므로, 부사의 수식이나 보조 용언과의 결합으로 상적 특징을 살펴볼 수 있다.

의미역 교체로 나타난 두 구문은 '지속성'을 나타내는 부사인 '계속(해서)'와 결합할 수 있다.

(9) a. 나는 계속해서 지루했다. (결과적인 상태 사건의 지속)
b. 연설은 계속해서 지루했다. (싫증나는 사건의 반복 → 원인적인 상태 사건의 지속)

심리 형용사는 '인과성'이라는 상태 변화를 내포한 다층적인 상태를 나타내는 상적 특징에 의해 원인과 결과의 복합적인 사건 구조를 가지고 있다. 그러나 이 교체 유형 구문은 표면적으로 하나의 하위 사건만 나타나는 사건 구조의 단일화가 나타난다. 이러한 단일화된 사건 구조의 판별은 (9b)와 같이, '지속성'을 나타내는 부사의 수식이 가능함으로써 알 수 있다.

앞에서도 언급한 것처럼 심리 형용사의 상적 의미 유형은 '상태'이다. 따라서 이 교체 유형의 문장들은 '행위, 완성, 달성'과 같은 다른 상적 의미 유형과는 대비되는 '상태'이다. 또한 이 교체 유형 구문 모두가 공통적인 사건 구조를 지니고 있는데 그것은 행위의 과정을 나타내는 '-고 있다'와 결합할 수 없다는 것이다. 즉, '-고 있다'는 상태를 나타내는 술어들과는 결합하지 못하는 것으로 대표적으로 널리 알려진 보조 용언이다.

(10) a. *나는 무섭고 있다.
b. *영화는 무섭고 있다.

정문수(1984)에서는 상태풀이씨는 '-고 있다'나 '-는다'와 공기할 수 없으며, 형용사와 존재사가 이에 속한다고 하였다. 이후의 논의에서도 '-고 있다'는 기본적으로 형용사와 결합하지 못한다는 것은 많이 언급되었다. 김윤신(2001b), 남승호(2004) 등에서도 '-고 있다'에 대한 보다 자세한 논의를 하고 있다.[4)]

'-고 있다'는 과정 사건을 나타내는 '행위'와 과정 사건과 상태 사건을 나타내는 '완성'의 술어들과 결합하여 '지속성'을 나타낸다.

---

4) 김윤신(2001b)에서는 '-고 있다'와 결합할 수 있는 사건과 그 의미 특성에 대해서 다음과 같이 보았다. 과정 사건의 계속, 결과 상태의 지속, 사건전체의 반복, 과정 사건의 계속과 결과 상태의 지속을 중의적으로 나타내는 것으로 보았다.
또한 남승호(2004)는 '행위'와 '완성'의 과정 사건 지속을 나타내며, 주로 타동사들인 '달성'의 결과 상태 지속을 나타내는 것으로 보았다.

(11) a. 그는 여전히 신발끈을 묶으며 달리고 있다. -행위-
b. 농부들이 원두막을 짓고 있었다. -완성-

특히, '-고 있다'는 '입다'와 결합할 경우에 나타나는 중의성이 많이 언급되었다.

(12) 영수는 무도회 복장의 옷을 입고 있었다.

이 문장은 '무도회 복장의 옷을 다 입은 결과 상태가 지속됨'과 '무도회 복장의 옷을 현재 입고 있는 과정'을 의미하는 중의성을 보인다. 이처럼, '-고 있다'는 행위 및 완성의 술어와 결합하여, 과정 사건의 지속 및 결과 상태사건의 지속을 나타낸다.

이러한 '-고 있다'는 이 교체 유형에서 기존의 형용사 연구에서 많이 논의되었던, 형용사를 동사화 시키는 보조 용언인 '-어 하다'와 결합된 후에는 결합할 수 있고, 상태의 지속을 나타낸다. 먼저 '-어 하다'와의 결합을 살펴보면,

(13) a. 나는 무서워했다.
b. *영화는 무서워했다.

'-어 하다'는 주어의 능동적 경험을 반영하므로, 원인의 상태 사건과는 결합할 수 없고, 결과의 상태 사건은 허용된다. 결과의 상태 사건은 더 나아가 아래와 같이 '-고 있다'와 결합하여, 주어의 심리적인 지속 상태, 즉, 결과적인 상태 사건의 '지속'을 나타낸다.

(14) 나는 무서워하고 있다.

이상에서 살펴본 바와 같이 심리 형용사의 의미역 교체에 나타난 구문들은 결과적인 상태 사건과 원인적인 상태 사건이 각각 단독으로 나타난다. 이 교체에 나타난 구문들이 하나의 하위 사건으로 구성된다는 것은 '지속성'과 같은 상적 특징이 두 사건과 모두 결합할 수 있다는 것이다. 즉, 각각 하나의 단일한 사건이 지속됨을 알 수 있다.

또한 의미역 교체에 나타난 구문들은 모두 '-고 있다'와는 결합하지 못하여 다른 상적 의미 유형들과는 구별되는 '상태'임을 알 수 있다. 다만 결과적인 상태 사건이 나타나는 경우는 (14)와 같이, 경험주의 적극적인 심리를 반영하는 동사성의 '-어 하다'와 결합할 수 있고, 나아가 '-고 있다'와 결합하여, 결과적인 심리 상태의 지속을 강하게 나타낸다.

2) 격표지 교체 1

격표지 교체 구문에서는 경험주, 원인 논항이 모두 주격을 취한 주격중출 구문과 경험주는 여격을 취하고 원인 논항이 주격을 취한 여격주어 구문이 나타난다.

격표지 교체의 구문들은 원인과 결과적인 상태 사건이 모두 표면구조에 드러나는 복합적인 사건 구조를 가진다. 이러한 복합적인 사건 구조는 '인과성'이라는 상태 변화를 내포한 다층적인 상태의 상적 특징에 의해 나타날 수 있다. 즉, 원인적인 상태 사건이 종결되고 결과적인 상태 사건이 시작, 지속되므로, 종결성을 나타내는 부사와도 결합할 수 있고, 결과적인 상태 사건을 나타내는 지속부사와도 결합할 수 있는 것이다.

먼저 (15)에서 알 수 있듯이, 모두 지속 부사와 결합할 수 있다.

(15) a. 나는 그가 그렇게 떠나 버린 것이 내내 서운했다.
b. 그가 그렇게 떠나 버린 것이 나에게는 내내 서운했다.

(16)과 같이, 경험주의 결과적인 상태 사건만 나타나는 경우는 종결성을 내포하는 부사구와 결합할 수 없다.

(16) *나는 한 시간도 채 못 돼 지겨웠다.

그러나 (17)과 같이 원인적인 상태 사건과 결과적인 상태 사건의 복합적인 사건 구조를 나타내는 문장은 사건의 종결성을 나타내는 부사구 '한 시간도 채 못돼'와 결합할 수 있다.

(17) a. 나는 생소한 장르의 그 영화가 한 시간도 채 못 돼 지겨웠다.
b. 생소한 장르의 그 영화가 나에게는 한 시간도 채 못 돼 지겨웠다.

이 형용사가 '-어지다'[5]와 같은 상태의 변화를 내포하는 파생어와 결합하여 자동사로 동사화되면, 원인적인 사건이 종결되고, 결과적인 사건이 시작됨이 더 명확히 드러난다.

(18) 나는 생소한 장르의 그 영화가 한 시간도 채 못 돼 지겨워졌다.
생소한 장르의 그 영화가 나에게는 한 시간도 채 못 돼 지겨워졌다.

5) 김윤신(2001a)에서는 단일어, 동사어근, 형용사어근에 '-어지다'가 붙어 파생되는 것을 기동동사라고 정의하였다. 기동동사는 상태나 과정의 시작을 초래하는 변화를 나타내는 상태변화동사에 속한다고 보았다. 따라서 사건 구조의 측면에서 변화 전의 국면과 변화 후의 국면을 하위 사건으로 하는 복합사건 구조를 갖는다고 보았다.

이와 같이 이 교체 유형의 구문들은 '지속성'과 '종결성'이라는 상적 특징을 보인다. 원인적인 상태 사건의 종결로 결과적인 상태 사건이 시작되어 지속되는 것이다. 따라서 이러한 상적 특징은 사건이 동질적이지 않은 복합적인 구조임을 말해준다.

이번에는 이러한 복합적인 사건 구조를 지닌 심리 형용사문의 주격중출 구문과 여격주어 구문들이 각각 하위 사건들 중 어떤 하위 사건을 부각시키는가를 알아보자. '-고 있다'는 결과적인 상태의 지속 및 과정 상태의 지속을 나타내므로, 특히, '행위'와 '완성'과 같은 주로 동사에서 볼 수 있는 상적 의미 유형과 결합한다. '-어 하다'와의 결합으로 형용사를 동사화시켜 '-고 있다'와의 결합을 살펴보기로 한다.

먼저, '-어 하다'와 결합하는 경우를 살펴보면 아래와 같다.

(19) a. 나는 그가 그렇게 떠나버린 것을 서운해 했다.
b. *그가 그렇게 떠나버린 것을 나에게는 서운해 했다.

위와 같이, 주격중출 구문의 경험주-원인 심리 형용사의 경우, '-어 하다'와 결합하면, '타동성'으로 인해 원인 논항은 대격으로 바뀐다.[6] 그러나 여격주어 구문의 심리 형용사의 경우는 '어 하다'와 결합되면, 원인 논항이 대격으로 바뀔지라도 (19b)처럼 비문이 된다. 따라서 '-고 있다'에 대해서는 '-어 하다'와 결합하는 주격중출 구문의 심리 형용사에 대해 알아보겠다. (19a)에 '-고 있다'가 결합된 경우를 살펴보면,

6) 이와 같이 심리 형용사에 '-어 하다'가 결합되면, 전형적인 타동문 구성에서 볼 수 있는 주격-대격 명사구 구성을 갖게 된다. 이러한 '-어 하다'의 기능을 '내적 심리의 외재화'(externalization of internal feeling)라고 보았다(연재훈(1995)에서 재인용, 김세중(1994)).

(20) 나는 그가 그렇게 떠나버린 것을 서운해 하고 있다.

이와 같이 주격중출 구문의 심리 형용사는 결과적인 상태 사건의 지속을 나타낸다. 즉, 주격중출 구문에 나타나는 심리 형용사는 동사화되어 '-고 있다'와 결합하여 결과적인 심리 상태의 지속을 나타낼 수 있다. 즉, '결과적인 상태 사건'이 부각된다.

(19)에서 살펴본 것처럼, 여격주어 구문에 나타나는 심리 형용사는 '-어 하다'와 결합하는 동사화가 되지 않고, 따라서 '-고 있다'와는 결합하여 결과적인 심리 상태의 지속을 나타낼 수는 없다.

다만 '-게 하-', '-게 만들-'과 결합하면, 원인적인 상태 사건이 경험주를 대상화한다.

(21) 그가 그렇게 떠나버린 것이 나를 서운하게 한다.

이와 같이, 원인적인 상태 사건의 적극적인 작용이 상태성보다는 인과성을 더 강하게 작용하게 하고, 원인적인 상태 사건이 상대적으로 결과적인 상태 사건보다 두드러진다. 따라서 여격주어 구문에 나타나는 심리 형용사는 '원인적인 상태 사건'이 부각되는 것이다.

이상에서 살펴본 것처럼, 복합적인 사건 구조로 나타나는 이 교체 유형의 문장들인 주격중출 구문과 여격주어 구문은 공통적으로 '지속성', '종결성' 이라는 상적 특징을 나타낸다. 또한 주격중출 구문에서는 상대적으로 결과적인 상태 사건이 두드러지고, 여격주어 구문에서는 원인적인 상태 사건이 두드러짐을 알 수 있다. 이러한 하위 사건들 중의 상대적인 두드러짐은 5.1.3.과 5.1.4.에서 사건 구조의 중점으로 연결된다.

3) 격표지 교체 2

원인 논항을 처소격(location)이나 도구격(instrument)으로 취한 심리 형용사의 경우, (22a)와 같은 격표지 교체 1 유형과는 달리, (22b)처럼 원인 논항이 대격으로 전환되지 않고도 '-어 하다'와 자연스럽게 결합한다.

(22) a. 우리는 관료들의 그런 행패가 눈꼴사나웠다.
*우리는 관료들의 그런 행패가 눈꼴사나워했다.

b. 우리는 관료들의 그런 행패에/으로 눈꼴사나웠다.
우리는 관료들의 그런 행패에/으로 눈꼴사나워했다.

이러한 처소격 혹은 도구격을 취한 원인 논항의 경우, 원인 사건의 영향입음(affectedness)이 더 크게 작용하고 있음을 알 수 있다. 나아가 '원인-를'의 대격의 문장과 교체되기도 하는데, 이는 경험주의 '완전히 영향 입음' 혹은 '대상화'(thematization)의 의미를 나타내게 된다.7)

(23) 우리는 관료들의 그런 행패를 눈꼴사나워했다.

처소격이나 도구격을 취한 원인 논항은 원인 사건이 영향을 미치는 정도가 강하므로, 즉, 경험주가 원인 사건에 의해서 영향입음이 강하게 작용하고 있으므로, 대상화된 의미의 문장으로 전환될 수 있

7) 연재훈(1995), 남승호(2001) 등에서 타동성(transitivity)과 영향입음(affectedness)의 밀접한 관계에 대하여 이미 고찰한 바 있다.

는 것이다. 결과적으로, 원인 논항이 처소격이나 도구격을 취한 경우는 원인적인 상태 사건이 결과적인 상태 사건보다 전체 사건을 지배하고 있음을 알 수 있다.

또한 이러한 원인적인 상태 사건이 두드러짐은 '-게 하-', '-게 만들-'과 결합하는 경우에 더 명백히 나타나는데, 원인적인 상태 사건이 경험주를 대상화한다.

(24) 관료들의 그런 행패가 우리들을 눈꼴사납게 했다.

이와 같이, 원인적인 상태 사건의 적극적인 작용이 상태성보다는 인과성을 더 강하게 작용하게 하는 것이고, 원인적인 상태 사건이 상대적으로 결과적인 상태 사건보다 두드러진다. 따라서 여격주어 구문에 나타나는 심리 형용사는 '원인적인 상태 사건'이 부각되는 것이다.

또한 이 교체 유형에서는 종결성을 나타내는 부사구 '일년도 못되어'와 결합할 수 있는 상적 특징이 나타날 수 있다.

(25) 나는 그곳에 도착한지 일 년도 못 되어 무엇보다도 어려운 경제 사정에 힘겨웠다.
나는 그곳에 도착한지 일 년도 못 되어 무엇보다도 어려운 경제 사정으로 힘겨웠다.

앞에서 본 격표지 교체 유형과 마찬가지로, 이 형용사가 '-어지다'와 같은 상태의 변화를 내포하는 파생어와 결합하여 자동사로 동사화되면, 원인적인 사건이 종결되고, 결과적인 사건이 시작되는 것이 더 명확히 드러난다.

(26) 나는 그곳에 도착한지 일년도 못되어 무엇보다도 어려운 경제 사정에 힘겨워졌다.
나는 그곳에 도착한지 일년도 못되어 무엇보다도 어려운 경제 사정으로 힘겨워졌다.

이와 같이, 격표지 교체 1 유형과 마찬가지로 이 교체 유형은 종결성을 나타낸다. 앞에서도 언급한 것처럼 '종결성'은 전체 사건 구조가 하위 사건들로 구성되어 있어 한 사건의 종결과 다른 사건의 지속이라는 사건의 변화를 말한다. 이는 원인과 결과의 인과성이 존재하는 복합적인 사건 구조로 표상되는 것이다.

5.1.3. 생성 어휘부 이론 모델에 의한 어휘 의미 구조

앞에서 심리 형용사의 논항 구조, 사건 구조 및 상적, 의미론적 특징을 고찰해 보았다. Pustejovsky(1995)의 생성어휘부 이론(Generative lexicon theory)은 이러한 논항 구조(argument structure)와 사건 구조(event structure)에 더하여 특질 구조(qualia structure), 어휘 승계 구조(lexical inheritance structure)[8]로 하나의 어휘가 이루어진다고 보았다.

먼저 논항 구조는 어휘항목이 결합하는 논항의 종류와 그 의미역을 제시하고, 사건 구조는 사건의 종류와 그 사건들의 시간적 선후관계, 중점을 제시한다. 특질 구조는 표면적인 특성을 나타내는 형상역(FORMAL), 목적과 기능을 나타내는 기능역(TELIC), 사건의 원인을 나타내는 작인역(AGENTIVE), 전체적인 구성관계를 제시하는 구성역(CONSTITUTIVE)으로 이루어진다.

---

8) 어휘 승계 구조는 어휘 구조가 다른 구조와 어떻게 연관이 되어 있는지, 그리고 그 어휘 구조가 어휘부 전체의 조직에 어떻게 영향을 미치는지를 밝힌다.

이와 같은 4가지 표상 구조로 이루어진 생성 어휘부 이론은 기존의 '격틀과 의미역'에 준거한 유형 분류에 치우친 논의와 상적 특징을 나타내는 사건 구조의 관점에서 고찰한 논의들을 포괄할 수 있는 어휘부 이론 모델이다.

특히, 사건 구조의 중점(event headness)은 의미적인 논항 구조가 통사 구조로 드러나게 하는 중요한 역할을 한다. 즉, 사건 구조의 하위 사건 중 중점이 놓이는 하위 사건과 관련된 특질 구조에 나타나는 논항만이 통사적인 표면구조에 나타난다.

앞 장에서 살펴본 의미역 교체와 같은 경우, 하나의 사건이 표면에 드러날 때, 복합적인 사건 구조에서 하나의 하위 사건만 나타나는 '사건의 단일화'로 보았다. 생성 어휘부 이론 모델에서는 '중점'의 차이로 이러한 표면에 드러나는 논항 구조에 대해 설명한다.

사건 구조의 중점을 심리 형용사에 적용하면, '원인적인 상태'와 '결과적인 상태'의 두 하위 사건을 모두 가지지만 교체되는 유형이 어떤 하위 사건에 중점을 두느냐에 따라서 통사적인 표면 구조에 나타나는 것이다.

이 장에서는 이러한 '심리 형용사' 교체유형들의 어휘 의미 구조에 생성어휘부 이론을 도입하여 어휘 의미 구조를 제시해 보겠다.

1) 의미역 교체

이 논항 교체 유형은 경험주나 혹은 원인만 존재하는 단일 논항을 취하는 형태이다.

(27) [경험주]-이 형용사
[원인]-이 형용사

이 교체 유형에 대하여 앞에서 고찰한 논항 구조 및 사건 구조를 중심으로 생성 어휘부 이론 모델이 제안하는 어휘 의미 구조를 고찰해 보겠다. 본 논문에서는 Pustejovsky(1995)에서도 자세히 설명되지 않은 어휘 승계 구조에 대해서는 별도로 언급하지 않으며, 남승호(2000), 이정민(2000)에서 제시된 격 구조를 포함시킨다. 이는 기존의 논의에서 논항들이 취하는 표면격의 '격틀'을 표시한 것이다.

(28) a. 나는 무섭다 (e2)
그 영화는 무섭다. (e1)

b. 사건 구조 = 사건 = sub-event-1 : 상태 (원인)
sub-event-2 : 상태 (결과)
시간관계 : 중첩관계
중점 : e1/e2
논항 구조 = 논항1 = x : 경험주[인물]
논항2 = y : 원인[사물, 추상]
격 구조 = 격틀1 = x-가
격틀2 = y-가
특질 구조 = 심리 개념 유형
작인역 = 무서움을_야기함 (sub-event-1, y)
형상역 = 무서움을_느낌 (sub-event-2, x)

먼저, 사건 구조상에서 sub-event-1은 무서움을 야기한 상태이며, sub-event-2는 경험주가 이러한 무서움을 느낀 상태이다. 경험주 논항만을 취하는 경우는 결과적인 심리 상태에 중점이 주어지고(e2), 원인・대상 논항만 취하는 경우는 원인적인 상태에 중점이 주어진다(e1). 따라서 중점 미명세(Head underspecification)(남승호 2000)에 의거하여 표현하면 두 개의 사건이 동등하게 나타나는 e1/e2가 된다.

원인적인 상태와 결과적인 상태의 시간적인 선후관계를 살펴보면, 어떤 원인에 의해 경험주가 경험하는 심리 상태는 원인 사건과 결과 사건이 거의 동시적으로 일어나는 관계이므로 시간관계를 '중첩 관계'로 보았다. 논항 구조에서 원인 논항은 단순한 사물이 올 뿐 아니라, 보문도 취할 수 있으므로 '추상'도 설정하였다.

2) 격표지 교체 1

이 논항 교체 유형은 원인 논항과 경험주가 교체되는 것으로 많은 심리 형용사가 이 유형으로 나타난다. 왜냐하면 심리 형용사의 전형적인 요건인 경험주와 원인 논항을 둘 다 취하기 때문이다.

(29) [경험주]-이 [원인]-이 형용사
[원인]-이 [경험주]-에게(는) 형용사

이 교체 유형에 대하여 앞에서 고찰한 논항 구조 및 사건 구조를 중심으로 하는 생성 어휘부 이론 모델이 제안하는 어휘 의미 구조를 고찰해 보겠다.

(30) a. 그의 뻔뻔스런 태도가 우리에게는 황당했다.
우리는 그의 뻔뻔스런 태도가 황당했다.

b. 사건 구조 = 사건 = sub-event-1 : 상태 (원인)
sub-event-2 : 상태 (결과)

시간관계 : 중첩관계
중점 : (e1)e2
논항 구조 = 논항1 = x : 경험주[인물]
논항2 = y : 원인[사물, 추상]
격 구조 = 격틀1 = x-가_y-가
격틀2 = y-가_x-에게(는)/x-에게(는)_y-가
특질 구조 = 심리 개념 유형
작인역 = 황당함을_야기함(sub-event-1, y, x)
형상역 = 황당함을_느낌 (sub-event-2, x)

이 유형에서 사건 구조의 중점을 살펴보면, 상적 특징에서 살펴본 것과 같이, 주격중출 구문의 경험주-원인 격틀은 경험주의 결과적인 심리 상태에 중점을 두는 것이다(e2). 여격주어 구문인 원인-경험주 격틀은 경험주의 심리 상태보다 원인적인 상태에 중점을 두는 것이다(e1). 본 논문에서는 주격중출 구문은 전형적인 심리 형용사의 격틀로 여격주어 구문은 주격중출 구문의 변형 구문으로 보았다. 따라서 주격중출 구문의 경험주의 결과적인 상태가 우세해짐으로써, 여격주어 구문의 원인적인 상태도 나타나지만, 결과적인 심리 상태에 중점을 두었다((e1)e2).

격틀2는 소위 '여격주어 구문'의 '주격중출 구문'의 교체를 나타낸 것이고, 역시 보문을 취할 수 있으므로 '추상'이라는 원인·대상 논항을 설정하였다.

3) 격표지 교체 2

이 교체 유형은 원인·대상 논항의 격이 각각, 도구격과 처소격을 취함으로써 주격을 취한 논항보다는 원인 논항에 의하여 경험주가 영향입는 정도가 더 강화되는 것을 보여준다.

(31) a. [경험주]-이 [원인]-이 형용사
[경험주]-이 [원인]-로 형용사

b. [경험주]-이 [원인]-이 형용사
[경험주]-이 [원인]-에 형용사

이 교체 유형에 대하여 앞에서 고찰한 논항 구조 및 사건 구조를 중심으로 생성 어휘부 이론 모델이 제안하는 어휘 의미 구조를 고찰해 보겠다.

(32) a. 나는 그의 무례한 행동이 서러웠다.

b. 나는 그의 무례한 행동에 서러웠다.
나는 그의 무례한 행동으로 서러웠다.

c. 사건 구조 = 사건 = sub-event-1 : 상태 (원인)
sub-event-2 : 상태 (결과)
시간관계 : 중첩관계
중점 : e1(e2)
논항 구조 = 논항1 = x : 경험주[인물]

논항2 = y : 원인[사물, 추상]
격 구조 = 격틀1 = x-가_y-가
격틀2 = y-가_x-에/로
특질 구조 = 심리 개념 유형
작인역 = 서러움을_야기함 (sub-event-1, y, x)
형상역 = 서러움을_느낌 (sub-event-2, x)

원인 논항이 처소격이나 도구격을 취한 격틀2는 상적 특징에서 살펴본 것과 같이, 경험주의 원인에 의해 영향입음이 적극적으로 드러나므로, 원인적인 상태에 중점을 둔 것이고,(e1) 표면적으로 경험주와 원인 논항이 공존하므로 경험주의 심리 상태와 더불어 원인적인 상태에도 중점을 두는 것이다(e1+e2).

즉, 원인 논항이 처소격이나 도구격을 취하면, 상적 특징에서 살펴본 것처럼 원인 사건의 적극적인 작용이 전체 문장을 인과성이 더 강하게 작용하는 것으로 만들고 있다. 따라서 결과적인 심리 상태도 나타나지만, 원인적인 상태에 더 중점을 둘 수 있겠다(e1(e2)).

이상에서 살펴본 것처럼 심리 형용사는 '원인'과 '결과'의 인과성을 내포한 다층적인 상태로 이는 다양한 논항 구조와 복합적인 사건 구조로 표상된다. 따라서 논항 교체 유형에 따라 서로 다른 의미적, 상적, 사건 구조적 특징을 드러내며, 결과적으로 다른 중점을 가지지만, 작인역과 형상역으로 이루어진 특질 구조는 동일함을 알 수 있었다.

5.1.4. 논항 교체 유형들의 '중점'

앞에서 살펴본 어휘 의미 구조중 사건 구조의 중점에 대하여 살펴보면, 심리 형용사의 논항 교체 유형들은 원인적인 상태 사건 및 결과적인 상태 사건에 고르게 중점을 두며 분포하고 있었다. 이는 아래와 같은 도표로 나타내 볼 수 있겠다.

(33)

	원인 · 결과
제 1 유형	e1 e2
제 2 유형	(e1)e2
제 3 유형	e1(e2)

e1(e2) : e1+e2, e1

(e1)e2 : e1+e2, e2

표를 보면, 경험주와 원인 논항이 단독으로 나타나는 제1유형의 논항 교체에서는 중점이 원인적인 상태 사건과 결과적인 상태 사건에 각각 주어지고 있다. 심리 형용사의 전형적인 유형인 경험주와 원인 논항이 동시에 나타나 교체가 이루어지는 제2유형의 논항 교체에서는 중점이 경험주의 결과적인 상태 사건쪽에 치우치고 있으며, 처소격이나 도구격을 취하여 대상의 영향입음을 강하게 드러내는 제3유형의 논항 교체에서는 원인적인 심리 상태 사건쪽에 치우치고 있다.

이처럼 표면에 드러나는 다양한 논항 교체에 대한 어휘 의미 구조의 기술을 통하여 살펴본 결과, 심리 형용사는 원인과 결과적인 상태라는 복합적인 '상태'의 사건 구조를 지니고 있음을 알 수 있다. 또한 다양한 논항 교체 구문들은 사건 구조의 '중점'에서 차이가 나타남을 알 수 있다. 이를 통하여 심리 형용사가 복합적인 사건 구조를 가지는 것을 확인할 수 있고, 이러한 복합적인 사건 구조의 기저에는 인과성을 내포하는 심리 형용사의 '다층적인 상태' 가 존재한다.

5.2. 감각 형용사

감각은 표준국어대사전에 의하면 '눈, 코, 귀, 혀, 살갗을 통하여 바깥의 어떤 자극을 알아차림'이다. 일반적으로 감각 형용사는 경험주가 감각(시각, 후각, 청각, 미각, 촉각)을 경험하는 상태를 나타낸다. '감각' 자체를 나타내는 형용사는 광범위하다. 예를 들어 미각을 나타내는 다음과 같은 형용사를 살펴보자.

(34) a. 스프가 달았다.
b. 손님들은 스프가 달다고 불평했다.

그러나 본 논의에서는 이 경우 소유주 계열의 형상 형용사로 보았다. (34a)는 '스프'의 단 성질을 나타내며, '스프'는 단 성질을 소유한 소유주이다.

시각을 나타내는 다음과 같은 형용사도 살펴보자.

(35) 오늘따라 거리의 가로등도 유난히 밝다.

(35)도 역시 소유주 계열의 형상 형용사로 '거리의 가로등'은 밝은 성질을 소유한 소유주이다.

'미각'과 '시각'을 나타내는 기존의 감각 형용사와 본 논의의 감각 형용사는 논항 구성의 측면에서 구별된다. 본 논문의 감각 형용사는 좁은 의미의 감각 형용사로 심리 형용사와 더불어 경험주를 주어로 취하며, 구체적으로 감각이 이루어지는 신체부위인 대상의 의미역을 갖는다. 따라서 주로 아픔을 나타내는 형용사들로 신체 기관의 상태를 나타낸다. 기존의 '시각, 미각, 후각, 청각, 촉각'의 감각을 나타내는 감각 형용사들과는 구별된다고 할 것이다.

5.2.1. 논항 구조

감각 형용사는 감각을 느끼는 경험주와 구체적인 감각 부위인 대상 논항을 취하는 것이 기본 문형이다. 경우에 따라서 표면 구조에 두 논항이 모두 나타나거나, 그렇지 않을 수도 있다. 감각 형용사는 논항 교체 중 의미역 교체가 나타난다.

감각 형용사는 두 논항이 모두 주격표지로 나타나는 주격중출 구문으로 나타난다. 따라서 (36b)와 같이 심리 형용사에서의 두 논항이 격표지에 의해 교체되는 격표지 교체는 나타나지 않는다.

(36) a. [경험주]-이 [대상]-이 형용사
나는 머리가 어지럽다.

b. [대상]-이 [경험주]-에게(는) 형용사
*나에게는 머리가 어지럽다.

감각 형용사는 신체 부위를 대상 논항으로 하므로, 경험주와 대상 논항은 양도할 수 없는(inalienable) 불가분의 관계이다. 따라서 두 논항이 속격 구성으로 하나의 논항으로 나타나기도 한다.

(37) 지금 내 머리가 어지럽다.

다만 경험주나 대상 논항이 교체되는 의미역 교체만 나타난다.

1) 의미역 교체

(38) a. [경험주]-이 형용사
[대상]-이 형용사

b. 나는 가려워서인지 잠을 제대로 잘 수가 없었다.
눈이 가려워서인지 잠을 제대로 잘 수가 없었다.

의미역 교체가 나타나는 것은 뚜렷한 상적 차이를 수반한다기 보다는 감각 형용사 자체의 어휘 의미상 경험주가 나타나지 않아도, 화자 혹은 1인칭 주어가 생략된 것으로 상정할 수 있기 때문이다. 또한 구체적인 신체부위인 대상 논항이 표면구조에 나타나지 않아도 예를 들면 '고프다', '메스껍다'와 같은 감각 동사의 경우, 대상 논항인 '배', '속' 등을 얼마든지 상정할 수 있기 때문이다.

(39) 아이는 배가 고픈지 자꾸 칭얼댔다.
언니는 속이 메스껍다며 나가버렸다.

5.2.2. 상적 특징

감각 형용사는 경험주와 경험주의 신체 부위가 대상 논항으로 나타나므로, 두 논항이 불가분의 관계로 두 논항 중 하나만 나타나는 의미역 교체에서도 뚜렷한 어떤 차이는 보이지 않는다.

따라서 감각 형용사는 의미역 교체가 일어나는 두 문장도 순수한 단일 사건의 '상태'임을 알 수 있는데, 이는 지속 부사어의 수식이 가능하다는 점에서도 알 수 있다.

(40) 영수는 손끝이 수업시간 내내 간지러웠다.
 a. 영수는 수업시간 내내 간지러웠다.
 b. 무엇보다 손끝이 수업시간 내내 간지러웠다.

그러나 다음과 같이 종결성을 나타내는 부사와 결합하지는 못한다.

(41) a. *영수는 한 시간 만에 간지러웠다.
 b. ?무엇보다 손끝이 한 시간 만에 간지러웠다.

(41)은 다음과 같은 문맥을 추가하면, 자연스러워진다.

(42) a. 풀로 우표를 부치는 작업을 좀 하자, 영수는 한 시간 만에 간지러웠다.
 b. 풀로 우표를 부치는 작업을 좀 하자, 무엇보다 손끝이 한 시간 만에 간지러웠다.

이와 같이, 의미역 교체 관계에 있는 감각 형용사의 두 문장은 모두 단일 사건인 순수한 상태의 지속을 나타낸다. 다만 앞에서 본 심리 형용사에서와 마찬가지로, 이 형용사가 '-어지다'와 같은 상태의 변화를 내포하는 파생어와 결합하여 자동사로 동사화되면, 종결성을 나타내는 부사와 결합하여 복합적인 사건 구조를 나타낸다.

(43) 영수는 손끝이 한 시간 만에 간지러워졌다.
 영수는 한 시간 만에 간지러워졌다.
 무엇보다 손끝이 한 시간 만에 간지러워졌다.

또한 순수한 '상태'의 상적 의미 유형으로 '행위', '완성'의 상적 의미 유형과 결합하는 보조 용언인 '-고 있다'와는 결합할 수 없다.

(44) a. *나는 오늘 하루종일 입안이 깔깔하고 있다.
b. *나는 속이 더부룩하고 있다.

그러나 이러한 '-고 있다'는 앞에서 살펴본 형용사를 동사화시키는 보조 용언인 '-어 하다'와 결합할 수 있고, 상태의 지속을 나타낸다. 먼저 '-어 하다'와의 결합을 살펴보면,

(45) a. 아이는 온 몸이 긁은 자국이었고, 매우 가려워했다.
b. 그는 무엇에 물렸는지, 손을 자꾸 가려워했다.

'-어 하다'는 주어의 능동적 경험을 반영하므로, 단일한 상태를 나타내는 교체 유형의 두 문장이 모두 허용된다. 이러한 단일한 상태 사건은 더 나아가 아래와 같이 '-고 있다'와 결합하여, 사건의 '지속'을 나타낸다.

(46) a. 아이는 온 몸이 긁은 자국이었고, 매우 가려워하고 있다.
b. 그는 무엇에 물렸는지, 손을 자꾸 가려워하고 있다.

이와 같이, 감각 형용사는 단일 사건의 '상태'로서 경험주의 적극적인 상태를 반영하는 동사성의 '-어 하다'와 결합하고, 나아가 '-고 있다'와 결합하여 상태의 지속을 강하게 나타낸다.

제6장 소유주 계열 형용사의 논항 구조와 상적 특징

최현배(1937)에서는 '일과 몬의 바탈(性質)과 모양(狀態)과 있음(存在)의 어떠함을 그리어 내는 씨(풀이씨)'라고 형용사의 정의를 내렸다. 그리고 형용사를 '속겉그림씨', '있음 그림씨', '견줌 그림씨', '셈숱 그림씨', '가리킴 그림씨'로 나누었는데, 대부분의 형용사가 속겉그림씨에 속한다. 즉, '속겉그림씨'인 성상 형용사를 '사물 내부의 성질과 외부의 상태'로 정의하였는데 이는 형용사의 정의와 그 외연적 범위가 같은 것이다.

이와 같은 성상 형용사를 최현배(1937)에서는 크게 '감각적, 정의적'으로 나누고, 감각적 부류를 다시 '시각적, 미각적, 청각적, 후각적, 촉각적, 평형감각적, 유기감각적, 시·공간 감각적'으로 나누고 있다. 또한 정의적 부류를 '심리적, 평가적, 이지적, 행동적, 물리생리적 변화'로 나누었다.

남기심·고영근(1985)에서는 형용사를 크게 '성상' 형용사와 '지시' 형용사 두 부류로 나누고 대부분의 형용사들이 성상 형용사에 속하는 것으로 보고 있다.

본 논문에서도 최현배(1937)에서의 성상 형용사를 중심으로 경험주 계열의 형용사들은 심리, 감각 형용사로 분류했고, 소유주 계열의 형용사들은 성질, 형상, 평가 형용사로 분류했다. 성상 형용사에서 세분된 감각적 부류 중 일부인 '유기감각적' 형용사를 감각 형용사로 분류했다. 정의적 부류에 속하는 심리적 형용사와 평가적 형용사를 따로 분리해 심리 형용사와 평가 형용사로 분류했으며, 성질 형용사와 형상 형용사는 심리, 평가, 감각 형용사를 뺀 나머지 성상 형용사를 모두 포괄한다.

성질 및 형상 형용사의 다층적인 상태는 생성적인 의미 전이를 도출하고, 이는 논항 구조 변화로 나타난다. 이와 같은 의미적, 통사적인 변화로 평가 형용사로 전환되는 것으로 보았다. 이번 장에서는 평가 형용사로 전환되면서 나타나는 논항 구조 변화와 상적 특징과 관련된 사건 구조에 대해 살펴보겠다. 특히, 성질 형용사는 예외 없이 평가 형용사로 전환됨을 알 수 있다.

예외 없이 평가 형용사로 전환되는 성질 형용사와는 달리, 형상 형용사는 소유주 하나만을 취한 기본 문형의 순수한 형상 형용사 부류와 이 기본 문형에서 평가 형용사로 전환된 부류로 나뉜다. 전자는 '순수 형상 형용사', 후자를 '형상(평가) 형용사'라고 표시했다.

이와 같은 소유주 계열 형용사의 유형 분류를 도식하면 다음과 같다.

(1) 소유주 계열 형용사의 유형 분류

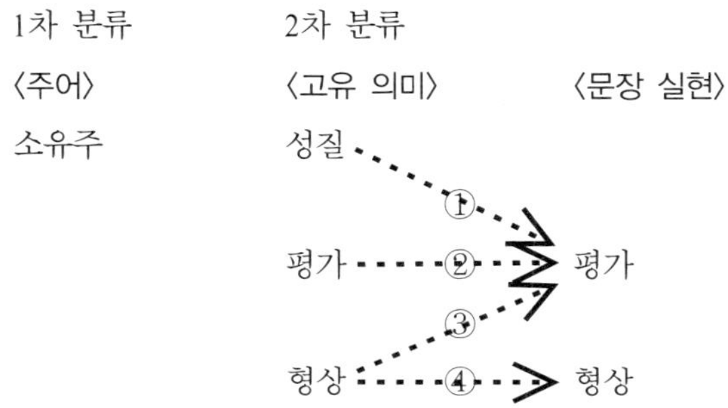

①=성질(평가) ②=순수 평가 ③=형상(평가) ④=순수 형상

순수 형상 형용사는 술어 의미 자체로 소유주의 성질을 나타내며, 순수 평가 형용사는 술어 의미 자체로 '평가', '판단'의 의미를 가진다. 이 두 형용사 부류는 기본 문형에서 논항 구조가 고정되어 있는, 더 이상의 논항 확장이 일어나지 않는 형용사이다.

이번 장에서는 순수 형상 및 순수 평가 형용사보다도 소유주의 성질을 나타내는 성질 형용사 및 형상 형용사가 소유주의 성질에 대한 판단 및 주관적인 인식을 명백하게 드러내는 평가 형용사가 되는 것에 주목한다.

평가 형용사는 크게 두 부류로 나누어 볼 수 있는데, 한 부류는 형상 형용사 및 성질 형용사가 평가 형용사로 되는 경우이고, 다른 한 부류는 형용사의 고유 의미가 평가, 판단의 의미를 지니며 논항 구조 변화가 일어나지 않는 경우이다. 전자는 성질 형용사와 형상 형용사를 다루면서, 논의를 하겠고, 후자인 순수 평가 형용사에 대하여 예를 중심으로 간단히 살펴보면 다음과 같다.

1,827개의 형용사 유형 분류에서 특히, 20개 이상의 빈도를 보인 파생어 부류들에 대해 살펴보면, 순수한 평가 형용사가 차지하는 비

중이 대략 40% 이상을 보인 파생어는 '-같다', '-롭다', '-없다'였다. '-같다'는 54%, '-롭다'는 46%, '-없다'는 72%가 순수 평가 형용사였다(p.50의 빈도표 참조).

(2) 순수 평가 형용사

a. '-같다'

감쪽같다, 개떡같다, 거지같다, 금수같다, 깜쪽같다, 꿈같다, 꿈결같다, 뚱딴지같다, 목석같다, 악착같다, 억척같다, 주옥같다, 철석같다, 철통같다, 추상같다, 헌신짝같다

b. '-롭다'

경이롭다, 공교롭다, 단조롭다, 명예롭다, 보배롭다, 신기롭다, 영예롭다, 영화롭다, 예사롭다, 은혜롭다

c. '-없다'

가능성없다, 가차없다, 거침없다, 관계없다, 그지없다, 기탄없다, 까딱없다, 꼼짝없다, 끄떡없다, 끝없다, 다름없다, 다시없다, 대중없다, 뜬금없다, 문제없다, 물샐틈없다, 변함없다, 별수없다, 분별없다, 빠짐없다, 사정없다, 상관없다, 서슴없다, 시름없다, 실속없다, 싹수없다, 아낌없다, 어김없다, 어림없다, 에누리없다, 영락없다, 용서없다, 유례없다, 의미없다, 이름없다, 이상없다, 이유없다, 인정사정없다, 재수없다, 조심성없다, 지각없다, 진배없다, 턱없다, 틀림없다, 틀림없다, 한량없다, 할일없다, 허물없다.

3장에서 고찰한 바와 같이, 한국어 형용사는 서술어보다 수식어로

나타나는 경우가 두드러지는데, 위 순수 평가 형용사 중에서 특히, '-없다' 파생어의 경우, 서술어보다는 (3), (4)와 같이 관형사형으로 많이 나타나고, 나아가 (5), (6)과 같이 '-이'와 결합하여 파생된 부사로의 쓰임이 더 많이 나타난다.

(3) 싹수없다
애 어른도 분간 못하는 싹수없는 애는 결코 우리 집안에 들일 수 없다.

(4) 유례없다
창씨 개명 사건은 세계사에 유례없는 파렴치한 일이었다.

(5) 서슴없다.
그는 처음 보는 우리에게 서슴없이 말을 걸었다.

(6) 진배없다.
그녀에게 있어 그 돈은 목숨에 진배없이 소중한 것이었다.

또한 앞에서도 말한 바와 같이 순수 평가 형용사는 대부분 '소유주' 하나만 취하는 경우가 많으나, 이와는 대조적으로 다양한 논항을 취하는 경우도 있다. 다음에서 '괜찮다'의 용례를 소개하겠다.

(7) 괜찮다
네가 괜찮은 사람이라면 나도 괜찮을 것이다.
이 건물은 지진이 일어나도 괜찮다.
이 굴비는 선물로 괜찮은 것 같다.
그 사람은 함께 일하기에 괜찮죠.

이러한 파생어들은 무엇보다도 파생 접사들의 '어근에 대한 가치 평가, 혹은 유사가치'라는 고유 의미에 의해 순수한 평가 형용사로 됨을 알 수 있다.

소유주는 형용사 술어의 성질을 소유하는 것으로 유정물, 무정물 모두가 될 수 있다. 어떤 본질적인 성질을 소유한 소유주들은 성질 형용사처럼 유정물이 될 수 있고, 물론 무정물도 될 수 있다. 성질 형용사는 인간의 성격적 특성을 나타내고 성격적 특성을 소유한 소유주는 유정물, 곧 인간이다. 형상 형용사는 소유주에 대한 일반적인 성질을 나타낸다. 이처럼 성질 및 형상 형용사의 소유주에 대한 주관적인 판단을 나타내는 형용사가 평가 형용사인 것이다. 따라서 특히, 성질 및 형상 형용사가 평가 형용사로 전환될 때 보이는 논항 구조 변화와 사건 구조에 대해서 논의하고자 한다.

성질 형용사나 형상 형용사가 평가 형용사로 전환되는 것은 개별적, 장면적 층위 술어적 관점에서도 논의될 수 있다. 성질 형용사나 형상 형용사에서 전환된 평가 형용사는 장면적 층위(stage-level)의 성격이 강하다.

Pustejovsky(1995)에서는 이러한 장면적 층위 술어들을 사건 전이 기능(event transition functions)을 하는 것으로 분석하였다. 즉, 그 상태를 유발하는 작인역(AGENTIVE quale)이 존재하므로 상태가 변화하여 장면적 층위의 상태(stage-level state)가 된다는 것이다. 따라서 이러한 작인역은 원인적인 상태 사건이라는 하위 사건을 전체 사건 구조에서 설정해 볼 수 있겠다. 또한 이렇게 상태를 나타내는 개별적 층위(individual-level) 술어가 동시에 장면적 층위 술어로 전이되는 것은 Pustejovsky(1995)는 '인공적인 상태(artifactual state)'가 되는 것이라고 하였다.

6.1. 성질 형용사

성질 형용사의 논항들은 논항 교체와 더불어 하나의 논항을 취하는 단일한 구조에서 여러 논항을 취하는 논항 확장 구조를 가진다. 여기서 논항 확장이라고 한 이유는 외부 논항인 주어 하나만을 취하는 것이 아니라, 다양한 내부 논항을 취하고, 또한 이 경우 원래의 성질 형용사와는 다른 의미적, 상적 특징을 보이기 때문이다.

성질 형용사는 기존의 많은 연구에서는 대상의 성질이나 특성을 나타내는 성상 형용사로 단일한 논항을 취하는 것으로 설명되었다. 인간의 성격적 특성을 나타내는 성질 형용사는 이러한 성격적 특성의 소유주인 인간 논항이 반드시 명시적으로 드러나야 한다. 따라서 어떻게 보면 '소유주는 어떠하다'는 식의 단순 상태의 논항 구조를 가지는 것으로 생각하기 쉬우나, 실제로 형용사의 쓰임을 살펴보면 다양한 논항 결합을 가지는 것을 알 수 있다.

성질 형용사는 'N0-이 A'[1]식의 간단한 격틀을 가지는 단순한 상태 형용사로 간주하기 쉬우나, 인간의 성격적 특성을 나타내기 위해서는 무엇보다도 객관적인 혹은 주관적인 근거에 의한 평가자의 판단을 배제할 수가 없다. 따라서 평가 및 판단 근거라 할 수 있는 인간 논항의 행위를 명시하는 보문 논항을 취한다든지, 인간 논항의 행위가 영향을 끼친 대상을 취한다든지 하면서 다양한 논항 구조로 나타나며 평가 형용사로 전환되는 것이다.

6.1.1. 논항 구조

성질 형용사는 논항 교체는 나타나지 않고 논항 확장만 나타난다.

1) 이 격틀은 21세기 세종계획 전자사전 용언분과의 기술 지침에 의한 것이다.

성질 형용사는 인간의 성격적 특성을 나타내기 때문에 외부 논항으로 소유주인 인간을 필수적으로 취한다. 따라서 외부 논항에서 보이는 의미역 교체가 나타나지 않고, 내부 논항들에 보이는 격표지 교체도 나타나지 않는다.

성질 형용사는 의미 전이와 더불어 논항 확장이라는 논항 구조 변화를 통하여 평가 형용사로 전환되는데, 논항 구조의 변화는 다층적인 상태라는 상적 특징에서 비롯된 것이다. 뒤에 가서 자세히 살펴보겠지만, 이러한 상적 특징은 복합적인 사건 구조에서 표상된다.

이제 소유주 하나만을 취하는 성질 형용사의 기본 논항 구조에서 어떤 논항을 취하여 확대된 논항 구조가 나타나는지 살펴보자.

1) 기본 문형

(8) [소유주]-이 형용사
그는 비열하다.

이 유형의 경우 '그'의 고유한 성격적 특성이 '비열하다'는 것을 말하며, '그'에는 성격적 특성을 소유한 소유주라는 의미역을 설정하였다. 또한 이를 강조하기 위하여 다음과 같이 '사람-이'라는 부가어가 첨가되기도 한다.

(9) 그는 사람이 비열하다.

이 유형이 성질 형용사를 나타내는 일반적인 구조로 어떠한 특정 상황과 관련 없이 개인의 성격적 특성을 나타내는, 소위 개별적 층위 술어이다. 그러나 본인이 형용사를 기술하기 위하여 다양한 자료들을 살펴본 결과 실제 용례에서는 기본 문형과 같이 간단히 나타나지 않았다. 오히려 아래처럼 논항이 확장된 구조가 전체 용례의 대다수를 차지하였다.

2) 논항 확장1

(10) [이유]-이 형용사
그가 그런 교과서를 지지한 것은 비열하다.

이 유형의 경우 비열하다는 판단의 원인이 되는 보문 논항에 '이유'라는 의미역을 설정했다. 이러한 논항은 '-다니'와 같이 부사절로 나아간 문장이 나타나기도 한다.

(11) 그가 그런 교과서를 지지하다니, 비열하다.

'-다니'를 논항으로까지 보기는 무리지만, '[이유]-이' 논항과 규칙적인 대응관계를 보인다.

이와 같이 성질 형용사는 판단의 원인이 되는 보문 논항을 취하는데 이 보문 논항은 소유주의 행위를 명시적으로 드러낸다. 이와 같이 특정 상황을 드러냄으로써, 개별적 층위 술어와 대비되는 장면적 층위 술어의 성격을 보이게 되는 것이다. 논항 확장1에서부터는 성질 형용사가 아닌 소유주에 대한 판단, 평가와 더불어 소유주의 성격적 특성을 나타내는 성질(평가) 형용사이다.

3) 논항 확장2

(12) a. [소유주]-이 [영향 대상]-에게|에 대하여 형용사

b. 그는 우리에게 비열했다
그는 역사에 대하여 비열하였다.

이 논항 확장에서는 비열함을 경험하는 어떤 대상, 즉 비열함이 영향을 미치는 대상이 나타난다. 이 때 대상은 인간 논항 혹은 추상적 대상이 될 수도 있다. 대상이 1인칭 인간 논항인 경우 위 예문처럼 소유주를 판단하는 판단자가 되기도 한다.

또한 이 유형은 소유주의 비열하다는 판단의 원인이 되는 보문 논항이 직접적으로 나타나지는 않았지만, 어떤 특정한 사건에 의해서 영향을 미치는 대상이 나타나므로 다음과 같이, 암시적으로(implicit) 보문 논항을 설정할 수 있다.

(13) ?그 상황에서 남은 돈을 모두 가져가 버린 것이 그는 우리에게 비열했다.
그 상황에서 남은 돈을 모두 가져가 버리다니, 그는 우리에게 비열했다.

이 유형에서 논항 확장 1 유형의 '-것' 보문은 나타나지 않는다. 즉, 영향을 미치는 대상과 그 영향의 명시적인 행위를 나타내는 '-것' 보문은 함께 나타나지 않으며, '-다니'와 같은 부사절로 나아간 구문만 나타난다.

성질 형용사는 이처럼 다양한 논항 결합을 보인다. 기본적으로 소

유주의 성격적 특성을 나타내므로 소유주, 즉 인간 논항을 취한다. 이러한 성질 형용사는 내부 논항의 확장이라는 논항 구조 변화가 나타난다. 이 때, 확장된 논항들은 소유주에 대한 판단, 평가를 하는 원인적인 사건으로 보았으며, 이러한 확장된 논항 구조는 소유주 하나만을 취하는 기본 문형과는 다른 성격의 형용사로 전환되는 것으로 보았다.

기본 문형에서 논항이 확장이 이루어지는 것에 대해 자세히 살펴보자면 다음과 같다. 소유주에 대한 판단의 원인이 되며 소유주의 행위를 명확하게 나타내는 내용절인 보문 논항을 취할 수 있다. 또한 소유주의 성격적 특성이 미치는 대상을 취하기도 한다. 끝으로 인간 논항, 이유의 부사절, 대상(판단자) 논항을 모두 취하는 확대된 결합 구조를 보이기도 한다. 모든 성질 형용사가 논항 확장이 최대화된 논항 유형이 자연스러운 것은 아니지만, 대체적으로 논항 확장된 위 유형들로 나타나고 있다.

6.1.2. 상적 특징

기존의 형용사 논의들은 논항 구조에서 기본 문형에 집중하여, 성질 형용사를 소유주, 개인의 성격적 특성을 나타내는 상태로 접근했다. 그러나 본 논문에서는 평가 형용사로 전환된 경우, 기본 문형과 구별되어 나타나는 상적 특징과 관련된 사건 구조에 주목하고자 한다.

기본 문형과 구별되는 논항 확장 구조의 가장 큰 특성은 인간 논항 외에도 보문의 형태를 취하는 이유 논항이나 영향을 미치는 대상을 취한다는 것이다. 특히 이러한 논항들은 소유주의 행위를 명시하는 사건 논항으로 볼 수 있고, 사건 논항을 취함으로써 주어인 인간 논항의 단순한 상태를 나타내는 기본 문형과는 구별되는 다른 차원의 술어적 특성을 보인다.

상적 의미 유형은 '상태'지만, 상적 의미 유형에 나타나는 상적 특징을 살펴보면 다음과 같다. 기본 문형은 단일한 사건 구조로 나타나지만, 논항 확장 구조는 결과적인 상태 사건에 대한 이유 및 판단의 근거를 나타내는 원인적인 상태 사건이 존재한다. 따라서 원인적인 상태 사건과 결과적인 상태 사건의 복합적인 사건 구조인 것이다.

소유주만 나타나는 경우는 소유주의 성격적 특성을 나타내는 단일한 상태 사건을 주로 나타내는 것으로, 성격적 특성에 대한 판단 근거가 되는 사건 논항을 배제한 채 순수하게 단일한 상태만을 나타낸 것이다. 그러나 논항이 확장된 구조에서는 보문의 형태를 취하는 이유 논항이나 영향을 미치는 대상을 취한다. 이러한 사건 논항을 취함으로써 하나의 단일한 사건 구조가 아니라 복합적인 사건 구조가 되는 것이다.

판단의 원인이 되는 보문 논항과 영향을 미치는 대상은 원인의 사건 논항으로 원인적인 상태 사건에 기여하고, 소유주의 성격적 특성은 이러한 원인적인 상태 사건에 의한 결과적인 상태 사건인 것이다. 기본 문형처럼 단일한 상태 사건이 아닌 인과 관계로 맺어진 복합적인 상태 사건이 나타나는 것이다.

(14) a. 윤 선생님이 경솔하다.

b. 윤 선생님이 아무 변명도 듣지 않고 그를 때린 것은 경솔하셨다.

(14b)의 경우, 원인 사건과 결과 사건이 결합된 인과적인 사건 구조로 '윤 선생님이 아무 변명도 듣지 않고 그를 때린 사건'과 결과적으로 이러한 사건 논항으로 그를 판단한 '경솔하셨다'가 결합된

복합적인 사건 구조인 것이다. (14a)와는 달리, 이유 논항이 원인적인 상태 사건으로 표면 구조에 나타나 복합적인 사건 구조가 되는 것이다.

동일한 형용사가 술어인 기본 문형 논항 구조의 사건 구조와 논항 확장이 일어난 논항 구조 변화의 사건 구조는 차이가 난다. 곧, 기본 문형에서는 심리 형용사의 '의미역 교체'와 같이 복합적인 사건 구조 중에서 하나의 하위 사건만 표면에 나타나는 사건 구조의 단일화가 일어나기 때문이다. 이러한 단일화된 사건 구조를 보이는 논항 구조는 '동질성', '지속성'과 같은 상적 특징을 보이는 반면에, 논항 확장이 일어난 논항 구조는 '지속성', '종결성'과 같은 상적 특징을 보인다.

(15) a. 윤 씨는 계속해서 경솔했다.
b. 윤 씨는 행동이 원래 경솔하다.

기본 문형에서는 경솔함의 지속 부사와 결합하여 단일한 상태가 지속되는 것을 나타낸다. 또한 '행동'과 같이 특징적인 속성은 문장의 상태화를 초래하며, 주격중출로 나타난다. 이렇게 상태성이 강화되면서 인과성의 상태 변화는 나타나지 않는 것이다. 즉, 하나의 사건만 표면 구조에 드러나는 사건의 단일화가 나타나고, 사건의 변화가 없는 '동질성'이라는 상적 특징이 나타난다.

따라서 결과적인 상태 사건만 나타내는 경우는 종결성을 내포하는 부사구와 결합할 수 없다.

(16) *김 선배는 입학 일주일 만에 까다롭고 엄했다.
*우유 담당 아이는 좀 지나면 모질었다.

그러나 다음과 같이 영향 대상을 도입하면서 원인과 결과의 복합적인 사건 구조를 나타내는 문장은 사건의 종결성을 나타내는 부사구와 결합할 수 있다.

(17) 김 선배는 입학 일주일 만에 모든 신입생들에게 까다롭고 엄했다.
우유 담당 아이는 좀 지나면 가난한 급우들에게는 모질었다.

이 형용사가 '–어지다'와 같은 상태의 변화를 내포하는 파생어와 결합하여 자동사로 동사화되면, 원인적인 사건은 종결되고, 결과적인 사건이 시작됨이 더 명확히 드러난다.

(18) 김 선배는 입학 일주일 만에 모든 신입생들에게 까다로워지고, 엄해졌다.
우유 담당 아이는 좀 지나면 가난한 급우들에게 모질어진다.

Smith(1999)는 상적 상황 유형을 다음과 같이 네 가지로 보았다.

(19) a. 상태: 정적(static), 지속적(durative), 동질적(homogeneous)
b. 행위: 동적(dynamic), 지속적, 비종결적(atelic), 동질적
c. 완성: 동적, 지속적, 종결적, 이질적(heterogeneous)
d. 달성: 동적, 순간적(instantaneous), 종결적, 이질적

상태의 상적 특징은 '정적', '지속성', '동질성'으로 보았는데, 사건이 단일화된 경우는 '정적', '지속적', '동질성'과 같은 상태의 전형적인 특징을 보인다. 그러나 복합적인 사건으로 구성된 경우는 두 개의 하위 사건들이 인과적으로 연결되어, 하나의 사건이 종결되고 다른

사건이 지속되는 사건 변화가 나타나므로 '역동성', '종결성', '지속성'의 상적 특징을 보인다.

6.2. 형상 형용사

형상 형용사는 인간 논항을 필수적으로 취하여 인간의 성격적 특성을 나타내는 성질 형용사보다 훨씬 포괄적이다. 즉, 형상 형용사의 주어인 외부 논항은 사물 내부의 성질을 소유하며 외부적으로 이러한 상태를 나타내는 소유주이다. 성질 형용사는 소유주를 주어로 하는 형용사 중에서 인간 논항을 주어로 취하고 논항 교체 유형도 성질 형용사 모두에서 규칙적으로 나타나기 때문에 형상 형용사와 분리한 것이고 나머지 소유주를 주어로 취하는 형용사는 모두 형상 형용사로 보았다. 따라서 형상 형용사는 기존의 성상 형용사처럼 광범위하다. 이러한 형상 형용사의 주어의 의미역인 소유주는 그 자체로 성질을 소유한 대상(20a)이며, 외적으로 나타나는 상태를 소유한 대상(20b)으로 포괄적인 형용사문의 주어이다.

(20) a. 형광등이 밝다.
b. 방안이 (형광등으로 인해) 밝다.

이러한 형상 형용사는 의미 전이와 더불어 논항 교체와 논항 확장이라는 논항 구조 변화를 통하여 평가 형용사로 전환되는데, 논항 구조의 변화는 다층적인 상태라는 상적 특징에서 비롯된 것이다.

이번 장에서도 형상 형용사가 평가 형용사로 전환되는 것을 주목하고 논항 구조와 상적 특징으로 차별화되는 사건 구조에 대해서 알아본다. 본격적인 논의 이전에 평가 형용사로 전환되지 않는 순수 형상 형용사의 경우를 보면 다음과 같다.

(21) 마루가 거무스레해서 전체적으로 집이 어두워보인다.
그새 얼마나 많이 읽었는지, 벌써 책표지가 너덜너덜하다.

앞에서도 살펴본 것처럼, 순수 형상 형용사는 주로 소유주 하나만 취하며, 더 이상 논항 구조 변화가 없으며, 주로 색채나 모양을 나타낸다.

(22) 순수 형상 형용사

거무스레하다, 거무죽죽하다, 까무스름하다, 까무잡잡하다, 까슬까슬하다, 꼬들꼬들하다, 너덜너덜하다, 네모나다, 들쑥날쑥하다, 듬성듬성하다, 반질반질하다, 발그레하다, 불그스레하다

6.2.1. 논항 구조

형상 형용사는 논항 교체와 논항 확장이라는 두 가지 논항 구조 변화가 모두 나타나고 있다. 논항 교체 중에서는 격표지 교체가 나타난다.

형상 형용사의 기본 문형은 외부 논항 하나만을 취하는 경우와 앞에서도 언급한 바와 같이, 아예 한 유형으로 독립한 '장소 교차보어', '처소논항 교체', '대칭'과 같은 격표지 교체가 일어나는 경우의 두 가지로 볼 수 있다. 후자의 경우는 소유주 외에 다른 논항을 필수 논항으로 취하며, 격표지 교체가 일어난다.

1) 기본 문형 1

(23) a. [소유주]-이 형용사

b. 옷이 낡아서 수선이 필요하다.
서랍이 빡빡해서 잘 열리지 않는다.

(23)은 '낡은 성질' 및 '빡빡한 성질'을 나타내는 단일한 논항인 '옷', '서랍'의 소유주 하나만을 취하는 기본 문형이다. 형상 형용사의 많은 경우가 이러한 기본 문형을 보이고 있다.

2) 기본 문형 2

이 논항 구조는 논항 하나만을 취하는 기본 문형을 보이지 않고, 기본문형이 소유주 이외에 다른 논항을 필수적으로 요구한다. 이러한 논항들 사이에 격표지 교체가 나타나는데, 논항 구조가 고정되어 있는 것으로 더 이상의 논항 구조 변화가 일어나지 않는다.

(24) a. [소유주]-이 [대상]-로 형용사
[대상]-이 [소유주]-에 형용사

b. 상자가 사과로 가득했다.
사과가 상자에 가득했다.

격표지 교체의 기본 문형은 더 이상의 논항 구조 변화가 없으므로 순수 형상 형용사로도 볼 수 있지만, 소유주 외에 다른 논항을 필수적으로 요구함으로써, 구조적으로 평가 형용사의 성격을 동시에 지니는 것으로 보고, 형상(평가) 형용사로 보았다.

또한 앞에서 살펴본 단일 논항을 취하는 '빽빽하다'2)는 아래와 같이, 대상 논항을 취하여 격표지 교체가 일어나는 경우가 있다. 단일 논항의 기본 문형에서 논항 구조 변화로 의미 전이가 일어나므로 전형적인 형상(평가) 형용사로 보았다.

(25) 회관이 사람들로 빽빽하다.
사람들이 회관에 빽빽하다.

소유주 이외에 다른 대상을 필수적으로 취하는 기본 문형의 형용사로는 (26)과 같은 형용사를 들 수 있는데, 이 교체를 보이는 형용사는 비교대상의 논항을 취한다.

(26) a. [소유주]-이 [비교대상]-와 형용사
[소유주, 비교대상]-이 형용사

b. 이 그림은 저 그림과 비슷하다.
이 그림과 저 그림은 비슷하다.

3) 논항 확장

(27) a. [소유주]-이 [기준주]-에게(는) 형용사

---

2) '빽빽하다'는 세종계획 전자사전의 형용사 기술에서도 가장 많은 격틀(7개)을 보이는 형용사인데, 소유주 하나만을 취하는 기본 문형에서 논항 구조 변화로 다양한 논항 결합 양상을 나타내며, 다의성을 보이는 것이다.
N0 A, N0 N1-이 A, N0 N1-에게 A, N1-에 N0 A, N0 N1-로 A, N1-에 N0-로 A, N1-에 N0

b. 이 과제는 우리에게 빡빡하다.
이 일은 10살 꼬마에게 결코 가볍지 않다.

(27b)에서처럼 '우리', '10살 꼬마'라는 비교의 기준이 되는 논항이 더 결합되면, 평가 형용사로서의 면모는 더 확실해진다.

또한 다음과 같은 '크다'의 경우를 보면,

(28) a. [소유주]-이 [기준주]-에서 형용사
[소유주]-이 [기준주]-보다 형용사

b. 영수는 유명하다.
c. 영수는 철수보다 유명하다.
d. 영수는 이 마을에서 유명하다.

(28b)는 단일한 논항을 취하는 기본 문형의 형상 형용사이지만, 비교 대상과 비교영역이라는 기준주를 취한 (28c, d)에서는 소유주의 성질에 대한 판단 기준이 제시되었고, 논항 구조 변화가 나타나므로 평가 형용사로 전환되는 것으로 보았다.

이와 같이 형상 형용사는 다양한 논항 결합을 보인다. 형상 형용사는 내부 논항의 확장, 내부 논항들의 격표지 교체라는 논항 구조 변화가 나타난다. 이 때, 논항 구조 변화에 참여하는 논항들은 소유주에 대한 판단, 평가를 하는 원인적인 사건으로 보았으며, 이러한 확장된 논항 구조는 기본 문형과는 다른 성격의 형용사로 보았다.

기본 문형에서 논항 구조 변화가 이루어지는 것에 대해 살펴보자면, 소유주에 대한 판단의 원인이 되는 기준주인 비교 대상 및 비교영역을 취하며, 격표지 교체가 일어나는 내부 논항의 경우는 대상 논항이 나타난다.

6.2.2. 상적 특징

앞에서 살펴본 것처럼, 형상 형용사는 다양한 논항 구조를 보이는데, 기본 문형에서 논항 구조 변화에 참여하는 논항들은 소유주에 대한 판단, 평가를 하는 논항이다. 이 논항들은 원인적인 사건 논항으로 작용하여, 전체 사건 구조를 원인과 결과적인 상태 사건이 모두 표면구조에 드러나는 복합적인 사건 구조로 만든다.

형상 형용사에서 논항 교체와 논항 확장에 의해서 평가 형용사로 전환된 경우, 상적 특징과 관련된 사건 구조에 주목하고자 한다. 형상 형용사의 기본 문형은 소유주의 성질에 대한 상태만 나타나는 단일한 상태이다. 논항 구조 변화가 일어난 경우는 소유주에 대한 판단의 원인이 되며 평가하는 기준이 되는 기준주인 비교 대상, 비교 영역, 대상 논항을 취한다. 이러한 논항들은 사건 논항을 취함으로써, 하나의 단일한 사건 구조가 아니라 복합적인 사건 구조가 된다.

(29) a. 영희가 계속 작다.
b. 영희가 키가 작다.

형상 형용사의 기본 문형에서는 위와 같이 단일한 상태의 지속을 나타내므로 지속의 시간 부사 '계속'과 결합할 수 있으며, 또한 '키'와 같이 특성적인 속성은 문장의 상태화를 초래하며, 주격중출로 나타난다. 앞에서 살펴본 성질 형용사의 경우처럼 상태성이 강화되면서 인과적인 상태 변화는 나타나지 않는 것이다. 하나의 사건만 표면 구조에 드러나는 사건의 단일화가 나타나고, 사건의 변화가 없는

'동질성'이라는 상적 특징이 나타난다. 즉, 결과적인 상태 사건만 나타나는 경우는 종결성을 내포하는 부사와 결합할 수 없다.

(30) * 이 과제는 정부 발표 열흘 만에 빡빡하다.
* 감독관의 시선이 한 시간 만에 날카로웠다.

그러나 다음과 같이 논항이 확장된 경우는 기준주인 사건 논항과 결과적인 상태가 결합된 다층적인 상태로 종결성을 내포하는 부사와 결합할 수 있다.

(31) 이 과제는 정부 발표 열흘 만에 실무 담당자뿐만 아니라 비실무 담당자들에게도 빡빡하다.
감독관의 시선이 한 시간 만에 뒤쪽 키 큰 아이들에게 날카로웠다.

이 형용사가 '-어지다'와 같은 상태의 변화를 내포하는 파생어와 결합하여 자동사로 동사화되면, (32)와 같이 원인적인 사건은 종결되고, 결과적인 사건이 시작됨이 더 명확히 드러난다.

(32) 이 과제는 정부 발표 열흘 만에 실무 담당자뿐만 아니라 비실무 담당자들에게도 빡빡해졌다.
감독관의 시선이 한 시간 만에 뒤쪽 키 큰 아이들에게 날카로워졌다.

이와 같이 형상 형용사는 지속의 시간 부사 '계속'과 결합하여 단일한 상태가 지속되는 것을 나타내며 상태성을 강화하지만, 논항이 확장된 경우는 원인적인 상태 사건과 결과적인 상태 사건이 결합된 복합적인 사건으로 구성된 상태임을 말해준다.

앞에서 살펴본 것처럼, 사건이 단일화된 경우는 '정적', '지속성', '동질성'의 상적 특징들을 보인다. 그러나 두 개의 하위 사건들이 인과적으로 연결되어 하나의 사건이 종결되고 다른 사건이 지속되는 복합적인 사건인 경우는, '역동성', '종결성', '지속성'의 상적 특징을 보인다. '인과성'의 다층적인 상태는 다양한 논항 구조를 허용하고, 사건 구조에서 달리 표상되는데 이는 '종결성', '지속성'과 같은 상적 특징으로 인하여 알 수 있다.

이와 같이 성질 형용사나 형상 형용사가 평가 형용사로 전환되는 것은 개별적, 장면적 층위 술어적 관점에서도 논의될 수 있다. 다음 장에서는 이러한 관점에 대하여 본격적으로 논의해 보겠다.

6.3. 장면적 층위와 개별적 층위 형용사

장면적 층위 술어는 특정한 시간과 장소에서 나타나는 주어의 일시적인 속성을 기술한 술어이고 개별적 층위 술어는 주어의 변하지 않는 항구적인 속성을 기술한 술어인 것이다.

(33) a. 국이 맛없다
b. 나는 국이 맛없다
c. 나에게는 국이 맛없다.

(33a)는 주어인 '국'의 속성을 기술한 개별적 층위의 술어이고, (33b)는 특정 인물인 '나'의 판단으로 주어의 속성을 기술한 장면적 층위의 술어이다. 장면적 층위의 술어인 경우, 두 개의 주격이 나타나는

주격중출 구문 및 소위 여격주어 구문이 나타나기도 한다.

(34) a. 자동차는 비싸다.
b. 한국에서 자동차는 비싸다

(34a)는 '보편적으로, 일반적으로'라는 부사어를 염두에 두고 해석할 수 있는, 주어의 변하지 않는 속성을 기술한 개별적 층위의 술어이고, (34b)는 특정한 장소에서 주어의 속성을 기술한 장면적 층위의 술어이다. 이처럼 같은 술어도 어떠한 논항(여기서는 부사어)을 취하느냐에 따라 그 술어적 성격이 달라진다.

소유주를 취하는 형용사가 논항 확장으로 다양한 논항들을 취함으로써, 대상 그 자체의 단순한 상태를 나타내는 개별적 층위 술어에서 상태에 대한 판단 근거가 명시되는 내용인 기준주, 비교대상. 비교영역, 이유 논항, 영향 대상 등의 사건 논항을 취한 장면적 층위 술어로 전환되는 것이다.

6.3.1. 각 형용사의 특성 및 차이점

이번 장에서는 장면적 층위 및 개별적 층위 술어의 특성과 차이점에 대해 알아보는데, 특히 Diesing(1992), Kratzer(1989)의 논의를 중심으로 살펴보자.

Diesing(1992)은 순수 복수형(Bare Plural) 주어의 해석이 술어에 따라서 다르게 해석된다고 보았다.[3] 즉 장면적 층위 술어이면 주어가 존재론적으로(existentially) 해석되며 개별적 층위 술어이면 총칭적으

3) 순수 복수형 주어가 개체적 층위 술어와 함께 나타나면 일반적으로 총칭적 기술이 된다.

로(generically/individually) 해석된다고 보았다.

(35) 장면적 층위

a. Carpenter ants are destroying my viola da gamba

b. Firemen are available

(36) 개별적 층위

a. Carpenter ants have six legs

b. Cows are dim-witted

예를 들자면, (35)에서 'available'과 같은 장면적 층위 술어는 사건 논항을 가질 수 있으므로, 주어에 대해 존재론적인(existential, stage-level) 해석이 가능하지만, 'altruistic'과 같은 사건 논항을 가지지 않고 주어의 항구적인 속성을 나타내는 개별적 층위 술어는 일반적인(generically, individual-level) 해석이 가능하다는 것이다.

이처럼 사건 논항은 두 술어를 구별하는 역할을 하고 있는데, Kratzer(1989)도 장면적 층위 술어와 개별적 층위 술어의 차이는 사건 논항에 있다고 하였다. 장면적 층위 술어만이 사건 논항을 갖는다는 것이다. 특히 논항들 사이의 위계를 설정하였는데, 사건 논항을 가장 상위에, 즉 통사적으로 가장 외부에 위치하는 논항으로 보았다.

(37) event > agent > instrument > theme

따라서 만약 사건 논항이 존재한다면 외부 논항(external argument)이 사건 논항이 되므로, 상대적으로 주어는 내부 논항(internal argument)이

되어, 동사구 내부(VP-internally)에 위치한다는 주장을 하였다. 이러한 논의는 두 층위의 술어의 차이를 말해주는데, 장면적 층위 술어는 사건 논항을 가지며, 이 논항이 외부 논항이 되므로 주어는 동사구 내부에서 생겨난다. 반면에 개별적 층위 술어는 사건 논항을 가지지 않기 때문에, 주어가 가장 상위의 외부 논항이 되므로, 주어는 동사구 외부에서 생겨난다는 것이다. 이와 같이 Kratzer(1989)는 논항들 사이의 위계를 정하고, 사건 논항의 유무에 따라 술어적 성격이 달라지고 주어 위치에도 차이가 있음을 보였다.

본 논문에서는 성질 및 형상 형용사들은 논항 구조 변화로 사건 논항을 취하여 개별적 층위 술어에서 장면적 층위 술어로 전환됨을 보인다. 즉, 동일한 술어도 사건 논항을 취하면 개별적 층위 술어에서 장면적 층위 술어로 전환되는 것이다.

Diesing(1992)은 Kratzer(1989)의 논의를 발전시켜 구체적으로 형식의미론 및 통사론적인 관점에서 접근하였다. 통사적 측면에서 영어의 모든 주어의 위치는 표면 구조(S-structure)에서 IP의 지정어(Specifier)이지만, 논리 형태(Logical Form)에서는 그 위치가 다르다고 보았는데, 개별적 층위 술어의 주어는 단지 외부 위치(outer position, 동사구 외부)에서 나타나고, 장면적 층위 술어의 주어는 내부 위치(inner positin, 동사구 내부)에서 나타난다는 것이다. 이를 도식하여 다음과 같이 나타냈다.

(38)

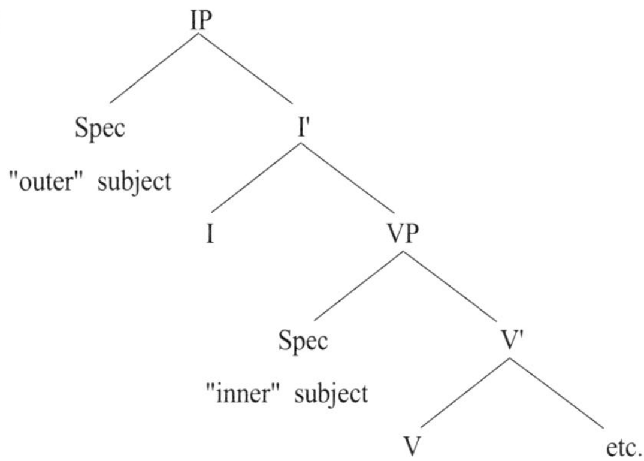

더 나아가, Diesing(1992)는 Heim(1982)의 주장을 자신의 논의를 뒷받침하는 것으로 연결시켰는데, 수량사(quantifier)에 대한 형식의미론적인 Heim(1982)의 논의는 다음과 같다.

주어가 외부 위치에서 나타나면, 이는 제한절(restrictive clause)과 연결(mapping)되며, 주어가 내부 위치에서 나타나면, 핵 범위(nuclear scope, 동사구를 의미함)와 연결된다는 것이다. 제한절과 연결되는 경우, 곧 특정한 수량사가 없는 순수 복수형과 같은 경우는 무표적인 수량사인 Gen과 연결되어 일반적이고 전형적인(generally, typically) 해석을 가지는데, 이러한 해석(총칭성)이 곧 개별적 층위 술어의 해석인 것이다. 또한 핵 범위와 연결되어, 제한절로 상승되지 않으면 존재 제한(existential closure)의 작용으로 존재론적인 해석을 갖게 되는데, 이것이 곧 장면적 층위 술어의 해석이다.

(39) Firemen$_i$ are [t$_i$ available] ....장면적 층위 술어

Firemen are altruistic ....개별적 층위 술어

이와 같이, Kratzer(1989)와 Diesing(1992)은 장면적 층위 및 개별적

층위 술어들의 주어 위치의 차이에 관하여 의미적, 통사적 접근을 하였다. 두 논의는 전형적인 장면적 층위 술어(available, visible), 개별적 층위 술어(intelligent, deaf, altruistic)의 두 부류의 술어로 나누어 그 주어 위치의 차이를 설명하였다.

이에 비해 본 논문은 성질 및 형상 형용사의 특징은 한 술어가 다양한 논항 결합으로 두 부류 술어의 속성을 함께 가진다는 점이다. 즉, 소유주의 의미역을 가지며 하나의 주격으로 나타나는 단일 논항을 취하는 개별적 층위 술어의 논항 구조가 사건 논항이라는 행위명시(action-denoting) 논항들을 취하며 복합적인 장면적 층위 술어의 논항 구조로 나타난다.

Kratzer(1989)와 Diesing(1992)에서 공통적으로 주장하는 것도 개별적 층위 술어가 사건 논항을 취함으로써 이전과는 다른 성격의 술어, 즉 장면적 층위 술어가 되며, 주어 위치에도 차이가 난다는 것이다. 본 논문에서의 성질 및 형상 형용사도 사건 논항을 취함으로써 대상 그 자체의 단순한 상태를 나타내는 개별적 층위 술어에서 성질에 대한 판단 근거가 명시되는 기준주, 비교영역, 비교대상, 영향 대상, 이유 논항 등의 사건 논항을 가진 장면적 층위 술어로 전환되는 것으로 보았다.

앞에서 간단히 언급한 것처럼, Pustejovsky(1995)의 생성어휘부 이론(Generative lexicon theory)에서는 장면적 층위 술어를 사건의 기능전이(event transition functions)으로 분석하였다. 그 상태를 유발하는 작인역(AGENTIVE quale)이 존재하므로 개별적 층위의 상태가 변화하여 장면적 층위가 된다는 것이다. 이러한 논의는 사건 논항이라는 기준주, 비교대상, 비교영역, 이유 논항, 영향 대상 논항의 의미역을 취함으로써 개별적 층위의 술어가 장면적 층위의 술어가 된다고 분석한 위 논의와 일치한다.

6.3.2. 장면적 층위 형용사의 소유주 논항

이번 장에서는 논항들에 대한 연구를 토대로 한국어 형용사의 논항 위치가 외부 논항인지, 아니면 내부 논항인지에 대하여 의미, 통사적 접근을 하고자 한다. 본 논문에서 주어는 술어부 밖에 위치하는 외부 논항으로 보았다.

앞에서 살펴본 Kratzer와 Diesing에 의하면 주어 위치는 장면적 층위 혹은 개별적 층위인지에 따라서 달라진다는 것이다. 따라서 소유주 논항 하나만 나타나는 개별적 층위 형용사보다도 사건 논항과 소유주 논항이 나타나는 장면적 층위 형용사의 소유주 논항에 대하여 알아보겠다.

소유주 논항은 그 자체로 유일한 논항이 되는 개별적 층위 술어의 논항 구조 및 사건 논항과 함께 결합하는 장면적 층위 술어의 논항 구조에서 모두 나타난다.

Kratzer(1989)의 논의에 의하면, 만약 문장에 사건 논항이 존재한다면 외부 논항이 사건 논항이 되므로, 상대적으로 주어는 내부 논항이 되어 동사구 내부 즉, 술어부 내부에 위치한다는 주장을 하였다. 곧, 장면적 층위 술어는 사건 논항을 가지며, 이 논항이 외부 논항이 되므로 주어는 동사구 내부에서 생겨난다. 이에 비해 개별적 층위 술어는 사건 논항을 가지지 않기 때문에, 주어가 가장 상위의 외부 논항이 되므로, 주어는 동사구 외부에서 생겨난다는 것이다.

본 논문에서는 개별적 층위 술어의 소유주 논항은 Kratzer(1989)와 같이 단일한 논항을 취하므로 주어인 동시에 외부 논항이라고 보겠다. 또한 Kratzer(1989)는 장면적 층위 술어의 소유주 논항은 사건 논항이 외부 논항이 되므로 소유주 논항은 내부 논항이 된다고 주장하였다. 그러나 이는 소유주를 외부 논항으로 나타나는 주어라고 간주한

본 논문의 견해와 차이가 난다. 따라서 앞으로 사건 논항과 함께 나타나는 장면적 층위 술어인 경우의 소유주 논항에 대해 살펴보겠다.

첫째, 앞에서 언급한 Dowty(1991)의 행위주 논항의 원형적 속성에서 장면적 층위 술어의 소유주 논항은 행위명시 논항의 행위주로 첫 번째 속성인 사건이나 상태의 의도적인 관련성(volitional involvement in the event or state)에 역시 적극적으로 해당된다고 하겠다. 이러한 특징은 행위 명시 논항인 '-것 보문' 부사절의 주어가 항상 전체 형용사문의 주어가 된다는 점에서 드러난다. 즉, '-것 보문' 부사절의 주어가 전체 형용사문을 통제(control)하고 있다. 이는 소유주 논항은 행위주에 비견되는 주어로 2장에서 언급한 것처럼 형용사구 밖에 위치하는 외부 논항임을 말해준다.

(40) a. *선생님이 아무 변명도 듣지 않고 그를 때린 것은 아버지가 경솔하였다.
선생님이 아무 변명도 듣지 않고 그를 때린 것은 선생님이 경솔하셨다.

b. *그가 그런 교과서를 지지하다니, 나는 비열하다.
그가 그런 교과서를 지지하다니, 그는 비열하다.

둘째, Bennis(2000)는 통사적 능격성(비대격성)과 심리 술어의 구조를 동사구 껍질 (vP-shell) 이론에 입각하여 형용사 껍질 (aP-shell)이론으로 발전시켰는데 이에 의하면 형용사의 소유주가 동사의 외부 논항인 행위주와 견줄 수 있으며 다만 그 차이는 상적인 것(dynamic/static)이라고 보았다. 따라서 행위 명시 논항과 함께 나타나더라도 소유주는 외부 논항인 것이다. 이와 같이 소유주 논항은 Kratzer

(1989)의 논의와는 달리 형용사구 밖에 위치하는 외부 논항으로 보겠다.

이처럼 두 논항들에 대한 검토를 토대로 장면적 층위 성질 형용사의 일부 소유주 논항도 2장에서의 논의에 이어서, 동사의 행위주에 비견되는 외부 논항임을 알 수 있다.

정리하자면, 개별적 층위인 경우는 소유주 논항이 단일 논항이어서 형용사구 밖에 위치하는 외부 논항으로 Kratzer(1989), Diesing (1992)의 주어 위치의 논의와 일치하지만, 장면적 층위인 경우는, 소유주 논항, 사건 논항이 모두 형용사구 밖에 위치하는 외부 논항으로, 사건 논항이 외부 논항, 소유주 논항은 내부 논항이라고 주장한 Kratzer(1989), Diesing(1992)의 주어위치와는 다르다는 결론을 내렸다.

제7장 주격중출 구문과 여격주어 구문

여격주어 구문이 논항 교체에 의한 주격중출 구문의 변형 문형이라면, 주격중출 구문은 그 기본 문형이다. 한국어 형용사문에서 주어로 기대되는 경험주 및 소유주는 다음의 네 가지 경우로 나타난다. 첫째는 가장 일반적인 것으로 단일한 주격으로만 나타나는 것이고, 둘째는 여격으로 나타나되 주격으로 나타난 다른 논항이 있는 것이다. 이 구문을 여격주어 구문이라고 할 수 있다. 셋째는 주격으로 나타나되 역시 주격으로 나타난 다른 논항이 있는 것이다. 이 구문을 주격중출 구문이라고 할 수 있다. 넷째는 둘째와 셋째의 경우가 자유롭게 변환관계에 있는 것이다.

이 장에서는 특히, 네 번째 경우인 여격주어 구문과 주격중출 구문이 논항 교체되면서 서로 변환관계에 있는 논항 구조 변화를 보이는 형용사문들에 대해서 고찰하고자 한다. 3장에서 주격중출 구문과 여격주어 구문의 일반적인 논항 구조에 대해 살펴보았는데, 이 장에서는 구체적인 통사적 특징과 논항 교체를 중심으로 한 논항 구조 변화와 논항 위치 및 두 구문의 차이점을 살펴보겠다.

기존의 연구에서는 주격중출 구문의 두 주격의 형태로 나타나는 논항들의 관계에 초점을 맞추었거나 표면적으로 나타나는 격을 중심으로 술어의 특성을 고찰하였다. 그러나 본 논문에서는 두 구문의 논항 구조 변화, 즉 논항 교체와 관련한 통사적 특징을 중심으로 고찰해 보겠다. 특히, 여격주어 구문과 주격중출 구문이 경험주 계열의 심리 형용사, '있다'[1])를 중심으로 논항 교체되는 변환 관계에 있는 것을 주목한다. 이는 두 구문의 관계 및 논항 위치와 관련된 논항들의 성격에 대하여 의미, 통사적 관점에서 살펴보고자 하는 기본 전제로부터 시작된다.

7.1. 주격중출 구문에 대한 선행 연구

먼저 광범위하게 연구된 주격중출 구문에 대한 선행 연구를 살펴보자. 주격중출 구문의 술어의 특성에 대해 연구한 대표적인 논문으로는 유현경(1998), 고재설(1999), Lee(2003)이 있다.

유현경(1998)에서는 부르지오의 일반화[2])에 의거하여 주격중출 구문을 나타내는 형용사는 외부 논항에 의미역을 할당하지 못하므로 두 번째 명사구에 대격을 부여하지 못하고 주격으로 실현되는 비대격 술어라고 하였다.

---

1) 유현경(1998)에 의하면 '있다'를 비롯하여 다음과 같은 형용사들을 '다분하다, 많다, 풍부하다, 없다, 있다' 존재 형용사로 보았다. 본 논의에서 '있다'는 따로 형용사 분류를 하지 않았지만, 사용빈도가 높은 형용사들을 말뭉치를 통해 추출한 김흥규, 강범모(2000)에 의하면 '있다'는 그 사용빈도가 다른 어떤 형용사보다 우세하므로 '있다'를 하나의 독립된 부류로 논의 대상으로 삼았다.

2) The generalization of Burzio (부르지오의 일반화)
외부논항을 결여하는 서술어는 대격을 할당하지 못한다.
대격을 할당하지 못하는 서술어는 외부논항에 의미역 표시를 하지 못한다.
(유현경(1998) 재인용)

고재설(1999b)의 연구는 다양한 유형의 주격중출 구문들을 설명하기 위해서는 단일한 원리가 아니라, 서술어의 특성 쪽으로 관심을 돌려, 그런 구문을 이루는 서술어들의 형태, 통사, 의미상의 여러 특성들에 대한 면밀한 검토가 전제되어야 하였다. 즉, 기존의 많은 연구에서는 두 주어 사이의 관계에 치중하여 주격 중출문의 기저 구조를 다음과 같이 보았다고 설명하였다.

(1) [[NP1-의 NP2]-가 A]

그러나 그는 다음과 같은 주격 중출문 형용사의 기저구조를 설정하였다.

(2) [NP1-이 [NP2-가 A]]

이와 같이 고재설(1999b)는 두 번째 주어로 나타난 논항과 술어와의 긴밀한 관계를 주목하였다. 이는 앞에서 살펴본 임동훈(1997)의 논의와 연결시킬 수 있는 것으로 본 논문에서도 두 주어 사이의 관계보다는 주어로 나타난 논항과 술어와의 관계를 살펴보고자 하는 것이다.

Lee(2003)에서는 주격중출 구문을 다음과 같이 크게 세 가지로 나누었다.

첫째는 첫 번째 주어가 술어에 의해 필수적으로 요구되지 않는 경우이고, 둘째는 두 개의 주어 모두가 술어에 의해 필수적인 논항으로 요구되는 경우이고, 셋째는 한 주어가 다른 주어의 의미적 속성을 상세화하기 위해 나타나는 경우이다. Lee(2003)는 이러한 분류가 주어와 술어가 어떤 문법적 관계를 가지느냐에 따라 분류한 것이라고 했지만 첫째와 셋째는 주어들 사이의 관계를 중심으로 분류한 것이고, 둘째는 술어와의 관계를 중심으로 분류한 것이다.

이러한 선행 연구의 검토를 통해 본인이 주장하는 것은 주격중출 구문을 구성하는 논항들의 성격에 대해서 좀 더 체계적인 의미적, 통사적 연구가 있어야 한다는 것이다. 선행 연구들은 논항들에 대한 의미역 및 통사적 측면에서의 검토 없이 표면적으로 나타나는 격에 의해 일괄적으로 서술어의 유형을 비대격성으로 단정지었거나, 주어와 술어의 표면적인 관계에만 치우쳐 구문 유형의 나열에 그쳤다.

본 논문에서는 형용사가 주격중출 구문, 여격주어 구문을 형성할 때의 두 논항의 성격에 대해 알아봄으로써 표면적으로 드러나는 격에 치우치지 않고, 이러한 구문을 형성하는 형용사의 술어적 특징, 특히 외부 논항이 결여된 것이 아닌지를 검토해 보고자 한다.

7.2. 주격중출 구문과 여격주어 구문의 논항 구조

심리 형용사와 '있다'를 중심으로 여격주어 구문과 주격중출 구문은 다음과 같이 논항 교체 현상을 보인다. 경험주나 소유주 논항이 주격이 아닌 여격을 취함으로써 두 구문이 변환관계에 있는 것이다.

(3) a. [경험주]-이 [원인]-이 형용사
[원인]-이 [경험주]-에게(는) 형용사

b. 그에게는 10년만에 돌아온 고향이 반갑다기보다는 저주스러웠다.
그는 10년만에 돌아온 고향이 반갑다기보다는 저주스러웠다.

(4) a. [소유주]-이 [대상]-이 형용사
[대상]-이 [소유주]-에게(는) 형용사

b. 나에게는 고양이가 있다.
나는 고양이가 있다.

먼저 비대격 술어에 대한 널리 알려진 전통적인 논의에 대하여 간단히 살펴보자. 이 논의는 Perlmutter(1978)로부터 시작되는데, 비대격의 논항은 본래 목적어이지만(deep-structure object) 무주어 구문을 피하기 위하여(general restriction against subjectless constructions) 주어로 실현된다고 하였다. Burzio(1981)에서는 비대격(능격) 술어는 단지 목적어 명사구만을 가지며 이후 주어 위치로 이동하였다고 하였다.

이러한 논의는 외부 논항과 내부 논항을 구별한 Williams(1981)의 제안과 결합되었다. 그에 의하면, 일반 타동사, 비능격 술어의 주어는 외부 논항이며, 타동사의 목적어와 비대격 술어의 주어는 내부 논항이라고 하였다. 따라서 비대격 술어가 취하는 논항은 본래 목적어이며 타동사의 목적어처럼 내부 논항이라고 볼 수 있겠다.

이들의 논의를 토대로 비대격 술어가 취하는 논항의 특성에 대해 다시 한번 정리하자면, 비대격 술어는 원래 행위주성을 가지는 행위주(agentive)의 외부 논항이 결여되었다는 것이다. 이러한 관점에서 주격중출 구문, 여격주어 구문을 나타내는 형용사를 비대격 술어로 본다면 취하는 두 논항을 모두 내부 논항으로 본 것이다.[3] 그러나 주격중출 구문, 여격주어 구문을 형성하는 대표적인 형용사 부류인

3) 앞에서 살펴본 것처럼, Dowty(1991)에서는 피해주(patient) 논항의 원형적 속성을 주장하였는데, 원인 및 대상 논항은 피해주 논항과 더불어 술어부 내부에 위치하는 전형적인 내부논항이다.

심리 형용사가 취하는 주어인 경험주, 성질 형용사 및 존재 형용사가 취하는 주어인 소유주가 어떤 성격의 논항인지에 대해서는 더 체계적인 접근이 필요하다. 따라서 3장에서는 통사 구조를 도식해서 살펴보았고, 이번 장에서도 더 살펴보겠다.

1) 경험주 논항

2장에서 주어의 요건으로 행위주이며 외부 논항이어야 한다고 하였는데, 경험주 논항은 동사 구문의 행위주와 같은 적극적인 행위주성은 보이지 않지만, 다음과 같은 주어의 요건을 충족시킨다.

첫째, 경험주 논항은 의도성의 부사 및 어미와 결합할 수 있어야 한다는 일반적인 행위주성은 보이지 않는다. 그러나 Dowty(1991)의 행위주 논항의 원형적 속성에 의하면, 경험주 논항은 감각 및 지각(sentience and/or perception)의 주체에 해당되어, 행위주에 비견되는 주어임을 알 수 있다.

둘째, 주격중출 구문에 대한 선행 연구인 임동훈(1997), 고재설(1999)에서 설정한 주격중출 구문의 통사적 기저 구조는 경험주가 술어부 안에 나타나지 않는 외부논항임을 말해 주는 하나의 근거가 될 것이다.

(5) [NP1-이 [NP2-가 A]]

2) 소유주 논항

소유주 논항의 논항 위치에 대해서는 6장에서도 살펴보았지만, 동사의 행위주에 비견되는 외부 논항임을 알 수 있었다.

외부 논항임을 나타내는 증거를 한 가지 더 들면, '있다' 구문에 나타난 소유주 논항도 주어성을 검증하는 통사적 기제에서 살펴본 것과 마찬가지로, 명백한 주어로, 주체존대 '-시-'와의 일치관계 및 복수접미사 부착 등을 통해 알 수 있듯이 소유주 논항이 전체 형용사문을 통제하는 외부 논항의 특징을 보인다.

비대격 술어는 무엇보다도 통사적으로 외부 논항을 갖지 못한다. 그러나 지금까지 살펴본 것처럼 형용사 구문에 나타난 경험주 및 소유주 논항은 통사적으로 술어부 밖에 위치한 외부 논항이다. 따라서 주격중출 구문을 이루는 이러한 형용사들을 외부 논항이 결여된 비대격 술어로 간주할 수는 없다. 이러한 문제제기를 시작으로 '형용사와 비대격'에 대해서는 좀 더 체계적으로 선행 연구를 검토하여 추후에 더 논의가 필요하다.

7.3. 주격중출 구문과 여격주어 구문의 통사적 특징

주격중출 구문 및 그 변환관계에 있는 여격주어 구문을 형성하는 대표적인 형용사 부류는 심리 형용사, '있다'이므로 주격중출 구문과 여격주어 구문의 통사적 특징은 곧 이 형용사들의 통사적 특징을 나타낸다. 먼저 경험주와 원인 논항을 취하는 심리 형용사문의 대표적인 통사적 특징은 경험주의 경험을 나타내므로 인칭제약이 있다는 것이다. (7)과 같이 현재시제 평서문에서 1인칭 주어가 아닌 경우는 비문이 된다.

(6) a. 나는/나에게는 시험에 합격한 영희가 자랑스럽다.
b. 우리는/우리에게는 시험에 합격한 영희가 자랑스럽다.

(7) a. *너는/*너에게는 시험에 합격한 영희가 자랑스럽다.
b. *그는/*그에게는 시험에 합격한 영희가 자랑스럽다.

이러한 인칭제약은 다양한 기제들로 해소되기도 하는데, 추측의 표현이나, 시제의 전환이다.

(8) a. 너는/너에게는 시험에 합격한 영희가 자랑스럽겠다.
b. 그는/그에게는 시험에 합격한 영희가 자랑스러웠다.

추측의 표현으로 상대방의 경험을 나타낼 수 있고, 과거 시제를 사용함으로써, 3인칭 경험주의 경험을 객관화할 수 있는 것이다. 이러한 인칭제약에 관한 논의는 심리 형용사의 대표적인 통사적인 특징으로 기존 논의에서 많이 다루어졌던 내용이다(김흥수(1993), 김세중(1994), 유현경(1998) 참조).

다음으로 경험주와 원인 논항을 취하는 심리 형용사문의 주격중출 구문은 원인 논항의 명사절이 또 하나의 주격으로 나타남을 살펴보았다. 그 결과 경험주인 주어의 특정 행위나 성격을 명시하는 원인 논항의 주어가 되므로 경험주 논항과 원인 논항 전체를 하나의 명사절로 보기도 하지만, 부사의 수식을 보면, 경험주 논항과 원인 논항은 분리되어야 함을 알 수 있다.[4)]

또한 심리 형용사와 '있다'는 두 개의 주격을 취하는 논항이 나타

4) Lee(2003)에서는 일반 명사구 주어와 함께 나타나는 -ki-ka(-기가) 형태의 명사절 주어를 주격중출 구문으로 볼 것인가를 논의했는데, '다행히'와 같은 복합서술어를 수식하는 부사가 내포절의 술어와 그 논항사이에 올 수 없다는 점과 kulay(그래)와 같은 대용문이 명사절을 대용한다는 점을 들어, 첫 번째 명사구 주어와 두 번째 명사절의 주어는 각각 분리된 주격중출 구문으로 보았는데, 본 논문에서도 이러한 주장에 동조하며, 경험주 및 소유주와 보문 논항이 각각 분리된 주격중출 구문 및 여격주어 구문으로 보았다.

날 뿐만 아니라 주격을 취한 형태가 더 다양하게 나타난다. 본 논문에서는 원인 논항이 주격 중출되는 경우는 따로 격틀을 설정하여 다루지는 않았으나, 심리 형용사는 원인 논항이 다음과 같이 두 개의 주격 조사를 취한 형태로 나타남을 제시하겠다.

(9) a. 나는 영화의 마지막 장면이 슬펐다.
  b. 나는 영화가 마지막 장면이 슬펐다.

이와 같이 속격의 관계로 나타난 명사구가 분리되면서 주격 조사로 나타난 명사구가 두 개가 되는 재구조화가 나타난다.

다음으로 '있다'는 특히 소유를 나타내므로 소유의 크기를 나타내는 수량사와 결합하는 경우가 많다. 수량사와 결합될 경우 수량사는 주격 조사 혹은 목적격 조사로 나타난다.

(10) a. 나는 사과가 있다
  b. 나는 사과가 두 개가 있다
  c. 그는 여자를 세 명을 만나고 다닌다.

즉, 수량사는 주격이나 목적격을 취하는 논항에 대한 수량화를 나타내며, 수량화하는 대상 바로 뒤에 옴을 알 수 있다.

7.4. 주격중출 구문과 여격주어 구문의 차이점

주격중출 구문과 여격주어 구문의 논항 교체 변환관계에 있는 심리 형용사, '있다'의 경우, 어떤 차이에 의하여 각각 주격중출 구문,

여격주어 구문으로 표면에 드러나는지를 살펴보자. 특히, 원인 및 대상 논항보다도 경험주 및 소유주 논항이 각각 여격, 주격으로 드러남으로써 어떠한 특징을 나타내는지 알아보자.

7.4.1. Pustejovsky의 중점 및 초점

Abbi(1990)는 남부 아시아 언어들을 대상으로 경험주를 취하는 구문을 연구하였는데, 그에 의하면 여격주어 구문과 주격중출 구문의 차이를 초점(FOCUS)로 설명하였다. 전자는 초점이 경험주가 아닌 원인 대상에 있고, 후자는 경험주에 있다고 분석하였다. 이러한 초점 논의는 앞에서 살펴본 상적 특징 및 사건 구조의 중점과 연결시켜 볼 수 있는데, 주격중출 구문은 경험주의 결과적인 심리 상태에 중점을 두는 것이고, 여격주어 구문은 원인적인 심리 상태에 중점을 두는 것이다.

다만 이러한 원인과 결과적인 심리 상태가 모두 표면구조에 드러나는 경우에는 5장에서 살펴본 것과 같이, 결과 심리 상태를 강조하는 지속부사와도 결합할 수 있고, 원인과 그로 인한 결과적인 상태의 종결성을 나타내는 부사와도 결합할 수 있다. 즉, 이 교체 유형의 구문들은 '지속성'과 '종결성'이라는 상적 특징을 보인다. '종결성'은 사건의 변화를 상정할 수 있는 것으로 전체 사건이 하위 사건들로 구성된 동질적이지 않는 복합적인 구조임을 말해준다. 또한 '-어 하다'와 결합하면, 주격중출 구문의 원인 논항이 대격으로 바뀌고, 이렇게 되면, 원인 사건이 더 적극적으로 확대되어 '-게 하', '-게 만들-'과 결합할 수 있다.

이와 같이 여격주어, 주격중출 구문의 차이는 중점, 초점 등의 차이로 범언어적으로 공통되게 나타나는 것을 알 수 있다.

7.4.2. 주어의 주관성과 도달점역

형태적으로 주격 조사를 취하면 문법적 주어로 기대되므로 경험주나 소유주 논항에 나타나는 주격 표지가 무표적(UNMARKED)이라면, 경험주나 소유주 논항에 나타나는 여격 표지는 유표적(MARKED)이므로 앞으로 살펴볼 특징은 여격주어의 특성이라고 할 수 있다.

인칭에 상관없이 여격을 취한 경험주나 소유주는 다른 경험주나 소유주와는 구별되는 주관성(subjectivity)을 드러내주고 있다. 특히 '-에게'보다도 '-에게는'을 취한 여격이 더 많이 자연스럽게 나타나는데 이는 경험주나 소유주의 주관적인 심리 경험이나, 소유를 강조하기 위한 것이다.

(11) a. 나는 고양이가 무섭다.
b. 나에게 고양이가 무섭다.
c. 나에게는 고양이가 무섭다.

(12) a. 그는 딸이 있다.
b. 그에게 딸이 있다.
c. 그에게는 딸이 있다.

위 예문을 보면, 주격중출 구문에서 '-에게는'을 취한 여격주어 구문으로 갈수록 경험주 및 소유주가 다른 경험주 및 소유주와는 구별되는 독특한 심리 경험이나 소유를 지니고 있음을 나타내는 것이다.

이러한 것은 도상성(Iconicity)[5]과도 상관관계가 있다. 도상성이란

5) 도상성은 자의성과 반대되는 개념으로 기능주의 언어학자인 Givon, Talmy (1984)에 의해 본격적으로 논의되었는데, 언어의 형태(form)와 의미, 즉 언어표

의미와 형태와의 상관성을 말해주는 것으로, 기본적인 '-는'의 주격 표지보다도, 형태적으로 더 복잡한 '-에게'의 처격 혹은 처격의 '-에게'와 주격의 '-는'이 결합된 '-에게는'의 표지를 취함으로써 고유 의미에 부가된 의미인 '주관성'을 전달하고 있는 것이다.

기존의 연구(임홍빈(1972) 참조)에서 '-에게는'의 주어를 주제화된 주어라고 하기도 하였지만, 화용론적인 '주제화'를 부각시키기 보다는 본 논문에서는 주관성의 의미적 특성을 나타낸다고 보았다.

주어의 주관성과 더불어 의미역 측면에서 여격주어 구문은 주격 중출 구문보다 경험주 및 소유주 지향적인(experiencer, possesor-oriented) 성격이 강하다고 할 것이다. 즉, '-에게, -에게는'의 여격을 취한 논항은 주격을 취한 논항보다 대상에 대한 도달점(goal)의 성격이 강하다고 할 것이다. 따라서 경험주나 소유주에게 어떤 상태(state)가 동적으로(dynamic) 도래함을 말한다고 할 수 있다. 즉, 결과적인 상태 사건 보다 원인적인 상태 사건에 중점 혹은 초점이 가는 것이다.

(13) a. 뻔뻔스런 그의 태도는 황당하다.
b. 우리는 뻔뻔스런 그의 태도가 황당했다.
c. 우리에게는 뻔뻔스런 그의 태도가 황당했다.

(13a)와 같은 경험주가 드러나지 않은 약간 객관적인 '그'에 대한 특성을 나타낸 문장이 경험주의 주격을 취함으로서 경험주가 일차적으

현과 개념 사이에 필연적인 관계나 자연스런 관계가 존재한다는 것이다. 정승영(2000)에서는 부정상승문, 등위접속, 대칭형태구문, 이중목적어 구문, 정중성 표현 등의 근거로 통사 구조에 나타난 거리 도상성을 고찰하였다. 정중성 표현의 경우, 언어표현이 길면 길수록 더 정중하게 느껴지는데, 일례로 '잔다-주무신다, 묻다-여쭙다, 주다-드리다' 등을 들었다.

로 드러나고, 여격을 취한 (13c)와 같은 문장에서는 경험주를 한정시키며, 경험주에게 경험의 상태가 도달됨을 나타내는 것이다. 따라서 경험주 및 소유주의 논항은 주격을 취하면 의미역이 그대로이지만, 여격을 취하면 경험주 및 소유주 논항의 의미역은 도달점역(goal)으로 동적으로 전환된다고도 볼 수 있겠다.

제8장 결론

본 논문의 목적은 형용사의 논항 구조 및 사건 구조를 고찰하여 형용사의 다층적인 상태가 다양한 논항 구조를 허용하고, 복합적인 사건 구조로 표상됨을 밝히는 것이다. 즉, 다층적인 상태인 형용사의 상태성(stativity)은 생성적인 의미 전이를 도출하고, 의미 전이는 논항 교체와 논항 확장의 논항 구조 변화로 구조적으로 나타나는 것이다. 논항 구조는 상적 정보를 담고 있는 것으로써 형용사의 의미 구조와 통사 구조의 상관성도 알 수 있다. 따라서 논항 구조 변화인 논항 교체와 논항 확장을 토대로 형용사를 분류하였으며, 분류된 형용사들의 의미적, 상적, 사건 구조적 특징을 살펴보았다.

본 논문의 의의는 형용사의 다양한 논항 구조를 고찰하고 이러한 확장된 논항 체계가 의미적, 상적, 사건 구조적 특징과 어떤 상관관계가 있는지를 밝혔다는 것이다.

다양한 논항 구조는 의미적, 상적, 및 사건 구조적 특징들을 나타내는데, 먼저, 의미적 특징과의 연관성을 살펴보면, 형용사의 상적 의미 유형인 '상태', 즉 '다층적인 상태'는 생성적인 의미 전이를 도출하고, 이러한 의미 전이는 논항 구조에서 확인된다. 또한 형용사의 생성적인 의미 전이와 함께 나타나는 논항 구조 변화는 형용사의 분류에서 범주 전환으로 연결시켰다. 즉, 형용사 자체의 고유 의미를 기준으로 경험주 계열의 심리, 감각 형용사 및 소유주 계열의 형상, 성질, 평가 형용사로 분류하였다. 또한 실제 문장의 실현에서 논항 교체나 논항 확장으로 구조적으로 나타나는 생성적인 의미 전이로 소유주 계열의 형용사들을 성질(평가), 형상(평가)로 분류했다.

상적 특징 및 사건 구조의 연관성을 살펴보면, 다층적인 상태의 상적 특징이 다양한 논항 체계를 허용하며 이는 복합적인 사건 구조로 드러난다. 형용사의 사건 구조는 기존의 연구에서처럼 동사와 대조되는 단순한 사건 구조가 아닌 복합적인 사건 구조로도 나타남을 알 수 있었다. 즉, 복합적인 '상태' 사건은 원인적인 상태 사건과 결과적인 상태 사건으로 이루어져 있고, 또한 세부적인 '상태' 자질에 있어서도 다층적인 상태를 보이는 것이다.

본 논문의 논의를 요약하여 제시하면 다음과 같다. 먼저 형용사의 분류에 대해서 살펴보면, 형용사를 주어 논항의 의미역을 기준으로 일차적으로 분류한다. 즉, 경험주를 주어로 하는 형용사와 소유주를 주어로 하는 형용사 두 부류로 나눈다. 분류의 일차적 기준이 되는 경험주와 소유주 논항이 주어임에 대해서, 여러 기제로 고찰하여 검증하였다. 이러한 일차적 분류는 형용사 자체의 고유 의미를 중심으로 경험주 계열 형용사는 감각, 심리 형용사, 소유주 계열 형용사는 성질, 평가, 형상 형용사로 이차 분류된다. 다음으로 소유주 계열 형용사들은 문장에서 실현될 때, 의미 전이와 논항 구조 변화가 나타나므로 범주 변화가 일어나는 것으로 보았다.

다음으로 형용사의 형태 및 통사적 특징을 살펴보았다. 형용사의 형태적 특징은 먼저 구성에서 살펴볼 수 있는데, 단일어로 된 형용사와 파생어로 된 형용사로 크게 두 부류로 나누어 볼 수 있다. 형용사의 파생에서는 형용사 구성상의 파생이 아니라 형용사의 명사, 부사, 동사로의 파생에 대해 알아보았다. 형용사의 활용에서는 관형사형, 부사형 어미 활용을 하는 수식어로서의 면모에 대하여 살펴보았다.

또한 형용사의 대표적인 통사적 특징인 주격중출 구문과 여격주어 구문에 대해서 그 논항 구조를 알아보았으며, 개별적 층위 및 장면적 층위의 술어적 특징을 보이는 성질 형용사를 중심으로 그 통사 구조를 도식해 보았다.

다음으로 논항 구조에 대해서는 논항 위치와 두 주어 형용사 부류로 각각 나누어 논항 구조 변화가 어떤 양상을 보이는지는 다음과 같이 요약할 수 있겠다.

(1) 논항 위치에 따른 논항 변화
　내부 논항 - 논항 확장, 격표지 교체
　외부 논항 - 의미역 교체, 격표지 교체

(2) 두 주어 형용사 부류의 논항 변화
　소유주 형용사 - 논항 확장, 격표지 교체
　경험주 형용사 - 의미역 교체, 격표지 교체

이러한 논항 구조 변화를 주목하는 것은 형용사의 다양한 논항 분포는 형용사문 전체의 의미와 상적, 사건 구조적 특징과 상관관계가 있기 때문이다. 분류된 형용사들이 논항 교체나 논항 확장으로 다른 유형의 형용사로 전환된 경우, 원래의 형용사와는 의미, 통사적 특징뿐만 아니라 내부적인 상적 특징에서 차이가 나고 이는 사건 구조에서 표상된다.

형용사의 사건 구조는 기존의 연구에서처럼 동사와 대조되는 단순한 사건 구조가 아닌 복합적인 사건 구조로도 나타날 수 있음을 관찰하였다. 사건이 단일화된 경우는 '정적', '지속적', '동질적'인 특징을 보이지만, 복합적인 사건으로 구성된 경우는 두 개의 하위 사건들이 인과적으로 연결되어, 하나의 사건이 종결되고 다른 사건이 지속된다. 따라서 사건이 변화하므로 '역동성', '종결성', '지속성'의 상적 특징을 보인다.

분류된 개별 형용사들의 논항 구조와 상적 특징 및 사건 구조에 대하여 알아보면 다음과 같다. 경험주 계열의 심리 형용사 같은 경우는 상적 의미 유형은 상태이지만, 상적 의미 유형을 분류하는 상적 특징의 측면에서 보자면 '인과성을 가지는 동질적이지 않은 이질적인 상태'로 다층적인 상태인 것이다. 즉, 원인적인 상태와 결과적인 상태로 이루어져 내부적으로 상태 변화를 겪는다. 이러한 다층적인 상태는 논항 구조에서 고찰한 것처럼 인과 관계를 구성하는 경험주 논항과 그러한 경험 곧 심리적 상태를 유발하는 원인 논항을 허용하는 것이다. '인과성'의 다층적인 상태는 원인과 결과의 하위 사건들로 이루어지는 복합적인 사건 구조로 표상된다. 다시 말해, 하위 사건들은 상적으로는 '상태'이므로 원인과 결과의 상태 사건들로 구성된 것이다.

소유주 계열의 성질, 형상 형용사는 상적 의미 유형은 '상태'이다. 그러나 상적 의미 유형에 나타나는 상적 특징의 측면에서 보자면, 기본 문형은 단일화된 사건 구조로 나타나지만, 논항 확장 구조는 결과적인 상태 사건에 대한 이유 및 판단의 근거를 나타내는 원인적인 상태 사건이 존재한다. 따라서 원인적인 상태 사건과 결과적인 상태 사건의 복합적인 사건 구조인 것이다.

먼저 성질(평가) 형용사는 보문의 형태를 취하는 이유 논항이나, 영향을 미치는 대상을 취하는데, 이러한 논항들은 소유주의 행위를 명시하는 사건 논항으로 볼 수 있다. 이러한 논항들이 결합된 논항 구조는 소유주 하나만 취하는 성질 형용사의 논항 구조와는 다른 상적 특징을 보이고 또한 상적 특징들로 나타나는 다층적인 상태는 소유주의 성질에 대한 판단을 나타내는 원인 사건과 원인 사건의 판단 결과 소유주의 성격적 특성을 나타내는 결과 사건의 복합적인 사건 구조로 표상된다.

다음으로 형상(평가) 형용사는 비교 영역, 비교 대상 등의 기준주를 취하면서, 소유주의 상태에 대한 주관적인 평가나 객관적인 판단 근거를 나타낸다. 이러한 논항 구조는 소유주 하나만 취하는 형상 형용사의 논항 구조와는 다른 상적 특징을 보이고, 이러한 다층적인 상태는 소유주의 성질에 대한 주관적인 평가나 객관적인 판단 근거를 나타내는 원인 사건과 소유주의 상태를 나타내는 결과 사건의 복합적인 사건 구조로 표상된다.

또한 주격중출 구문과 여격주어 구문에 대하여 살펴보았는데, 주격중출 구문과 여격주어 구문의 논항 교체 변환관계에 있는 심리 형용사, '있다'의 경우, 어떤 차이에 의하여 각각 주격중출 구문, 여격주어 구문으로 표면에 드러나는가를 다음과 같이 살펴보았다.

Abbi(1990)는 남부 아시아 언어들을 대상으로 경험주를 취하는 구문을 연구하였는데, 그에 의하면 여격주어 구문과 주격중출 구문의 차이를 초점(FOCUS)로 설명하였다. 전자는 초점이 경험주가 아닌 원인 대상에 있고, 후자는 경험주에 있다고 분석하였다. 이러한 초점 논의는 사건 구조의 중점(event headness)과 연결시켜 볼 수 있는데, 주격중출 구문은 경험주의 결과적인 심리 상태에 중점을 두는 것이고, 여격주어 구문은 결과적인 심리 상태와 더불어 원인적인 심리 상태에도 중점을 두는 것이다.

끝으로, 앞으로 더 논의할 과제는 다음과 같다.

첫째, 형용사의 원형적인 의미 부류가 한국어 형용사에서 얼마나 체계적으로 나타나며, 한국어 고유 형용사를 포괄할 수 있는가에 대한 연구이다. 둘째, 형태적인 측면에서, 형용사의 전반적인 활용에 대한 연구이다. 셋째, 순수하게 어휘적으로 쓰인 형용사 전체의 사용 빈도에 관한 연구이다. 네째, '-이'와 '-게'의 가능한 형용사 결합 유형에 대해서는 광범위한 형용사를 대상으로 비교, 대조하여 각 유형에 속하는 형용사들에 대한 특징을 의미, 상적 특징에서 살펴보아야 할 것이다. 다섯째, 형용사의 비대격성에 대한 통사적인 관점에서의 연구로 주격중출 구문과 연관시켜 고찰하는 것이다.

참고문헌

국립국어연구원(2001), 『주요 어휘 용례 수집 및 정리-형용사편- Ⅰ,Ⅱ』, 국립국어연구원.

고재설(1999a), 동사 '하-'와 형용사 '하-', 『국어학』 33-1, 국어학회, 145-176쪽.

고재설(1999b), 주격중출문과 형용사의 내부 주어, 『언어』 24-4, 한국 언어학회, 597-617쪽.

권재일(1985), 『국어의 복합문 구성연구』, 집문당.

권재일(1992), 『한국어 통사론』, 민음사.

권재일(1994), 『한국어 문법의 연구』, 서광학술자료사.

김건희(2000), 일본어와 한국어의 사동법 대조 연구-언어유형론적 특징을 중심으로-, 서울대학교 언어학과 석사학위 논문.

김건희(2001a), VP Shells와 '한자어 명사+하다'에 대하여, 『언어연구』 21, 서울대학교 언어연구회, 1-20쪽.

김건희(2001b), 일본어 사동법 연구-한국어와의 대조를 중심으로-, 『日本語學硏究』 3, 한국 일본어학회, 19-34쪽.

김건희(2003a), 심리 형용사 연구-논항 교체 유형들의 어휘 의미 구조를 중심으로-, 『언어학』 37, 한국 언어학회, 47-70쪽.

김건희(2003b), 형용사의 주격중출 구문과 여격주어 구문에 대하여, 『한말연구』 13, 한말연구학회, 1-37쪽.

김건희(2004), 형용사의 유형론적 연구, 『전국 국어학 학술대회 발표 논문 요약집』, 한글학회, 101-116쪽.

김상대(1988), 형용사의 의미 특성, 『선청어문』 16・17, 서울대학교 국어교육과, 239-253쪽.

김세중(1994), 국어 심리술어의 어휘 의미 구조, 서울대학교 언어학과 박사학위 논문.

김영화(1991), Psych-verbs in Korean, 『언어』 16-2, 한국 언어학회, 257-278쪽.

김영희(1977), 형용사의 부사화 구문, 『어학연구』 12-2, 서울대학교 언어교육원, 175-195쪽.

김영희(1978), 정태적 상황과 겹주어 구문, 『한글』 169, 한글학회, 117-147쪽.

김윤신(2001a), 파생동사의 어휘 의미 구조, 서울대학교 언어학과 박사학위 논문.

김윤신(2001b), '-고 있다'의 중의성과 동사의 상적 의미, 한국 언어학회 2001 겨울 학술 대회 발표논문.

김정남(1998), 국어 형용사의 연구, 서울대학교 국어국문학과 박사학위 논문.

김종명(1998), 한국어의 심리 형용사 구문과 tough-movement 형용사 구문이 보이는 조사의 변이 현상에 관하여, 『불어문화권연구』 8-1, 151-171쪽.

김창섭(1984), 형용사 파생 접미사들의 기능과 의미 '-답-, -스럽-, -롭-, -하-'와 '-적-'의 경우, 『진단학보』 58, 진단학회, 145-161쪽.

김 현(1998), 중세국어 형용사 파생 접미사 {-듑-}의 이형태 빈도와 역사적 변화, 『관악어문연구』 23-1, 서울대학교 국어국문학과, 259-279쪽.

김효정(1994), 『터키어 문법』, 도서출판 펴내기.

김홍수(1993), 『현대 국어 심리 동사 구문』, 탑출판사.

김홍규 · 강범모(2000), 『한국어 형태소 및 어휘 사용빈도의 분석 1』, 고려대학교 민족문화연구원.

남기심 · 고영근(1985), 『표준국어문법론』, 탑출판사.

남승호(2000), 한국어 이동동사의 논항 구조와 사건 구조, 이정민 외 『의미 구조의 표상과 실현』, 소화출판사.

남승호(2002), 처소논항 교체의 의미론: 자동사와 형용사를 중심으로, 『어학연구』 38-1, 서울대학교 언어교육원, 295-318쪽.

남승호(2004), 한국어 술어의 의미 유형 연구: 다의 술어의 사건 구조와 논항 구조를 중심으로, 한국언어학회 2004 겨울 학술 대회 발표논문.

남지순(1993), 한국어 형용사 구문의 통사적 분류를 위하여 I -심리 형용사 구문-, 『어학연구』 29-1, 서울대학교 언어교육원, 75-105쪽.

도원영(2000), 형용사 구문의 'NP가' 논항에 나타나는 의미역 체계, 畿甸語文學 12 · 13, 215-244쪽.

목정수(2001), 한국어 관형사와 형용사 범주에 대한 연구, 『언어학』 31, 한국 언어학회, 71-99쪽.

박덕유(1998), 『國語의 動詞相 硏究』, 한국문화사.

박소영(2003), 『한국어 동사구 수식 부사와 사건 구조』, 서울대학교 박사학위 논문.

박준석(2003), 『'-시-'에 관한 연구』, 연세대학교 박사학위 논문.

서정수(1996), 『국어 문법』, 한양대학교 출판원.

신순자(2000), 형용사의 분류, 『어문논총』 6, 19-44쪽.

안승신(1996), 제2형용사 서술어의 통사 구조, 『언어』 21-3, 한국 언어학회, 432-450쪽.

우순조(2001), 구문분석기 개발의 관점에서 본 '이'파생 접사의 문제와 대안적 분석-내부 논항을 중심으로-, 『언어학』 28, 한국 언어학회, 129-154쪽.

유재원(1985), 『우리말 역순사전』, 정음사.

유필재(1991), 대칭서술어의 통사, 의미론적 특성-형용사를 중심으로-, 『관악어문

연구』 16, 서울대학교 국어국문학과, 135-147쪽.

유현경(1998), 『국어 형용사연구』, 연세대학교 언어정보개발연구원, 한국문화사.

유현경(2000), 국어 형용사의 유형에 대한 연구, 『국어학』 36, 국어학회, 221-258쪽.

유현경(2003), 형용사, 『새국어생활』 13-2, 국립국어연구원.

윤동원(1986), 『형용사 파생접미사 (-스럽-), (-롭-), (-답-)의 연구』, 서울대학교 국어국문학과 박사학위 논문.

연재훈(1995), 국어 여격주어 구문에 대한 범언어적 관점 연구, 『국어학』 28, 국어학회, 241-275쪽.

이영경(2003), 중세국어 형용사의 동사적 용법에 대하여, 『형태론』 5-2.

이익섭(1978), 피동성 형용사문의 통사 구조, 『국어학』 6, 국어학회, 65-84쪽.

이익환(1994), 국어 심리동사의 상적 특징, 『애산학보』 15, 25-45쪽.

이정민(1994), 심리술어의 상에 관한 문제, 『애산학보』 15, 1-23쪽.

이정민(2000), 상태변화 및 창조동사의 의미 구조(논항 및 상), 이정민 외, 『의미 구조의 표상과 실현』, 소화출판사.

이준희(1996), '-이다'의 형용사적 특성, 『한국학논집』 29, 159-175쪽.

임동식(2002), 한국어 자타양용동사의 격 교체 현상과 사건 구조-중립동사와 이동동사를 중심으로-, 서울대학교 언어학과 석사학위 논문.

임동훈(1997), 이중주어문의 통사 구조, 『한국문화』 19, 132-154쪽.

임홍빈(1972), 국어의 주제화 연구, 『국어연구』 28, 32-54쪽.

정문수(1984), 相的 特性에 따른 한국어 풀이씨의 분류, 『문법연구』 5, 문법연구회.

정승영(2000), 통사 구조에 나타난 거리 도상성 고찰, 『영문법』 4-2, 한국영문법학회, 46-68쪽.

정인상(1980), 현대 국어의 주어에 대한 연구, 『국어연구』 44, 57-69쪽.

정재윤(1994), 국어 형용사 소고, 『국어교육』 83, 한국 국어 교육 연구회, 97-111쪽.

최지영(2001), 형용사구의 분석을 위한 기능범주들, 『독일문학』 42-4, 328-345쪽.

최현배(1937), 『우리 말본』, 정음문화사.

한송화(2000), 『현대 국어 자동사 연구』, 연세대학교 언어정보개발연구원, 한국문화사.

홍기선(1994), Subjecthood tests in Korean, 『어학연구』 30-1, 서울대학교 언어교육원, 49-67쪽.

홍재성(1986), 교차 장소 보어구문 연구, 『한글』 191, 한글학회, 53-76쪽.

홍재성(1998), 동사, 형용사의 사전적 처리, 『새국어생활』 8-1, 국립국어연구원.

박진호(2004), 한국어 형용사의 유형론, 『한국어/일본어/중국어/몽골어/터키어 형용사 유형론 워크숍 Proceedings』, 서울대 언어연구소, 세종전자사전개발연구단.

高橋太郎외(2000), 『일본어 문법』, 이미숙, 설근수譯, 도서출판 박이정.

국립국어연구원(1999), 『표준국어대사전』, 서울: 두산동아.

문화관광부, 국립국어연구원(1998-2004), 『21세기 세종계획 전자사전 개발분과 연구보고서』, 문화관광부,국립국어연구원.

문화관광부, 국립국어연구원(2002), 『21세기 세종계획 균형말뭉치, 연구·교육용 현대 국어 균형 말뭉치』, (재)한국어세계화재단 21세기 세종계획 결과물 보급 관리 센터 제작 배포.

Abbi, A. 1990, 'Experiential Constructions and the Subjecthood' of the Experiencer NPs in South Asian Languages' In Manindra K. Verma and K.P. Mohanan (eds)(1990), *Experiencer Subjects in South Asian Languages*, Stanford: CSLI.

Beck, D. 1999, *The typology of parts of speech systems: The markedness of adjectives*, PhD thesis, University of Toronto.

Beck, D. 2000, 'The syntax, semantics, and typology of adjectives in Upper Necaxa Totonac', in Linguistic Typology 4, 213-250쪽.

Belletti, A & L. Rizzi 1998, 'Psych-Verbs and Θ-Theory' in *Natural Language and Linguistic Theory* 6, 291-352쪽.

Bennis, H. 2000, 'Unergative Adjectives and Psych verbs', in *The Unaccusative Puzzle*, A. Alexiadou, E. E. Anagnostopoulou and M. Everaert(eds), 84-113쪽, Oxford University Press.

Burzio, L. 1981, *Intransitive verbs and Italian auxiliaries*, Doctoral dissertation, University of Massachusetts, Amherst.

Chomsky, N. 1995. *The Minimalist Program*, The MIT Press, Cambridge.

Cinque, G. 1990, 'Ergative adjectives and the lexicalist hypothesis', in *Natural Language and Linguistic Theory* 8, 1-39.

Comrie, B. 1989, *Language Universals and Linguistic Typology*, The Univesity of Chicago Press.

Diesing, M. 1992, 'Bare Plural Subjects and the Derivation of Logical Representations', in *Linguistic Inquiry*, 23-3, 353-380쪽.

Dixon, R. M. W. 1977, 'Where have all the adjectives gone?', in *Studies in Language* 1.

Dowty, D. 1991, 'Thematic Proto-roles and Argument selection', in *Language* 67-3, 547-619쪽.

Engel, U. 1988, *Deutshe Grammatik*, Heidelberg; Julius Gross Verlag.

Givón T. 1984, *SYNTAX: A Functional Typological Introduction*, Amsterdam, John Benjamins.

Greenberg, J. H. 1963, 'Some universals of grammar with particular reference to the order of meaningful elements', in Joseph H. Greenberg(eds), *Universals of Language*, London MIT PRESS, 73-113쪽.

Heim, I. 1982, *The Semantics of Definite and Indefinite Noun Phrases*, Doctoral dissertation, University of Massachusetts, Amherst.

Hengeveld, K. 1992, *Non-Verbal Prediction: Typology, Diachrony*, Berlin: Mouton de Gruyter.

Hook, P. E. 1990, 'Experiencers in South Asian Languages: A gallery', In Manindra K. verma and K.P. Mohanan(eds)(1990), *Experiencer Subjects in South Asian Languages*, Stanford:CSLI.

Hopper and Thompson 1980, 'Transitive in Grammar and Discourse', in *Language* 56-2, 251-299쪽.

Kratzer, A. 1989, 'Stage and Individual Level Predicates', in *Papers on Quantification, NSF Grant Report, Department of Linguistics*, University of Massachusetts, Amherst.

Kulikov, L. and H, Vater(eds) 1988, *Typology of Verbal Categories*, Max Niemeyer Verlag, Tübingen.

Kullmann, R. & D. Tserenpil 1996, *Mongolian Grammar*, Jensco Ltd.

Lee, Sun Hee 2003, 'Korean Tough Constructions and Double Nominative Constructions', in *The Proceedings of the 9th International Conference on HPSG*, Stanford University.

Levin, B. 1993, *English Verb Classes and Alternation: A Preliminary Investigation*, The University of Chicago Press.

Parsons, T. 2000, 'Underlying States and Time Travel', in Higgenbotham, James, Pianesi, Fabio and Varzi, Achille (eds) *Speaking of Events*. N.Y.: Oxford University Press, 81-93쪽.

Perlmutter, D. 1978, 'Impersonal passives and the unaccusative Hypothesis', in *Forth Annual Meeting of the Berkeley Linguistics Society*, Berkeley CA.

Pesetsky, D. 1995, *ZERO SYNTAX*, The MIT Press, Cambridge.

Pustejovsky, J. 1995, *The Generative Lexicon*, The MIT Press, Cambridge.

Pylkkänen, L. 2000, 'On Stativity and Causation', *in Events as Grammatical Objects*.p CSLI, 417-445쪽.

Rothstein, S. 2001, *PREDICATE AND THEIR SUBJECT*, Kluwer Academic Publishers.

Shopen, T.(eds) 1985, *Language Typology and syntactic description*, v1,2,3, Cambridge University press.

Smith, C. 1999, 'Activities: States or Events?', in *Linguistics and Philosophy* 22.

Stowell, T. 1991. 'The alignment of arguments in adjective phrases', in *Syntax and semantics* 25, 105-135쪽.

Stowell, T. 1992, 'The Role of the Lexicon in Syntactic Theory', in *Syntax and semantics* 26, 9-20쪽.

Tenny, C. L. 1992, 'The Aspectual Interface Hypothesis', in *Lexical Matters*, CSLI.

Vendler, Z. 1967, 'Verbs and Times', in *The Philosophical Review* 66.

Verkuyl, H. J. 1972. *On the Compositional Nature of the Aspects*. FLSS, Vol. 15, Dordrecht: D. Reidel Publishing Company.

Verkuyl, H. J. 1999, *Aspectual Issues*, CSLI.

Wetzer, H. 1992, '"Nouny" and "Verby", adjectivals: a typology of predicative adjectival constructions', in Kefer, M. and J. Van der Auwera(eds), *Meaning and Grammar*, Mouton de Gruyter, 223-262쪽.

Williams, E. 1981, 'Argument Structure and Morphology', in The *Linguistic Review* 1, 81-114쪽.

부록: 형용사 유형 목록

1. 형용사 유형 목록을 부록에 실었으며, 본 논문에서 고찰한 형용사들은 21세기 세종계획 전자사전 용언분과에서 2002년도까지 기술한 형용사이다.[1)]
2. 형용사 유형 목록들은 본 논문에서 분류한 세부 유형의 형용사 명칭들인 '형상(평가), 성질(평가), 순수 평가, 순수 형상, 심리, 감각'의 순으로 제시된다.

형상(평가)

가깝다, 가난하다, 가냘프다, 가녀리다, 가느다랗다, 가득하다, 가볍다, 가지런하다, 가칠하다, 가파르다, 간곳없다, 간단하다, 간드러지다, 간절하다, 감상적이다, 강력하다, 강박하다, 강하다, 개똥같다, 갸름하다, 거나하다, 거대하다, 거룩하다, 거멓다, 거세다, 거창하다, 거칠다, 거칠하다, 건강하다, 건장하다, 건조하다, 걸걸하다, 걸쭉하다, 걸출하다, 검다, 검붉다, 검소하다, 게걸스럽다, 격렬하다, 격심하다, 견고하다, 견실하다, 경건하다, 경미하다, 고고하다, 고귀하다, 고급스럽다, 고깝다, 고르다, 고리타분하다, 고분고분하다, 고소하다, 고풍스럽다, 곤하다, 곧다, 곱다, 과대하다, 과묵하다, 과민하다, 과밀하다, 괄괄하다, 괴기스럽다, 괴상하다, 괴상하다, 교양없다, 교양있다, 굵다, 굵직굵직하다, 궁색하다, 궁핍하다, 귀신같다, 귀염성있다, 귀엽

1) 세종계획 전자사전 용언분과에서 기술한 형용사 1,827개 중에 동형어로 동일한 형용사가 반복되는 경우가 있으므로 이 부록의 유형 분류에서는 대표적인 하나의 유형만 제시하겠다.

다, 귀익다, 귀중하다, 규칙적이다, 균일하다, 극미하다, 극소하다, 극심하다, 극진하다, 극친하다, 근근하다, 금쪽같다, 기괴하다, 기민하다, 기차다, 기품있다, 긴가민가하다, 길쭉하다, 깊다, 까맣다, 깜깜하다, 깜찍하다, 깨끗하다, 깨알같다, 꺼벙하다, 꽝하다, 꾀죄죄하다, 꾸밈없다, 끈질기다, 나직하다, 낙후하다, 난삽하다, 난잡하다, 난폭하다, 날래다, 날렵하다, 날쌔다, 날씬하다, 날카롭다, 낡다, 남루하다, 남자답다, 납작납작하다, 납작하다, 낭랑하다, 낭자하다, 낮다, 냉담하다, 냉랭하다, 너르다, 너저분하다, 너절하다, 넉넉하다, 널찍널찍하다, 널찍하다, 넓다, 노랗다, 노리다, 노쇠하다, 노숙하다, 노후하다, 녹진하다, 농염하다, 농후하다, 높다, 누추하다, 눅눅하다, 눈익다, 느끼하다, 느리다, 느슨하다, 늘씬하다, 늙어빠지다, 늠름하다, 능글능글하다, 능력있다, 늦다, 다감하다, 다급하다, 다복하다, 다소곳하다, 다습하다, 다재다능하다, 다채롭다, 단단하다, 단란하다, 단순하다, 단아하다, 단일하다, 달다, 달랑달랑하다, 달짝지근하다, 닳아빠지다, 담담하다, 담백하다, 대등하다, 더럽다, 덥다, 도톰하다, 돈독하다, 되다, 되다, 두껍다, 두둑하다, 두렵다, 두서없다, 두툼하다, 드물다, 따뜻하다, 따사롭다, 따스하다, 딱딱하다, 땅딸막하다, 떠들썩하다, 뜨겁다, 뜨끈하다, 뜻있다, 많다, 말끔하다, 말랑말랑하다, 말랑하다, 말쑥하다, 맑다, 맛깔스럽다, 맛없다, 맛있다, 매끈하다, 매력있다, 매콤하다, 맥없다, 맵다, 먹음직스럽다, 먹음직하다, 멀다, 멀쑥하다, 멀쩡하다, 멋들어지다, 멋없다, 멋있다, 멋지다, 명랑하다, 명료하다, 명명백백하다, 명백하다, 명석하다, 명철하다, 명쾌하다, 명확하다, 모호하다, 무례하다, 무사태평하다, 무성하다, 무수하다, 무지하다, 무표정하다, 무한하다, 무해하다, 문란하다, 물컹하다, 뭉툭하다, 미개하다, 미끈미끈하다, 미끈하다, 미끌미끌하다, 미려하다, 미력하다, 미미하다, 미숙하다, 미약하다, 미지근하다, 미진하다, 미천하다, 민감하다, 민첩하다,

밀접하다, 밋밋하다, 바쁘다, 반듯하다, 반반하다, 반지르르하다, 밝다, 방대하다, 번듯하다, 번화하다, 병약하다, 복스럽다, 복잡하다, 볼썽사납다, 봉긋하다, 부드럽다, 부산스럽다, 부실하다, 부유하다, 부자연스럽다, 부족하다, 부지런하다, 부진하다, 분명하다, 분연하다, 분잡하다, 분주하다, 불건전하다, 불결하다, 불량하다, 불룩하다, 불완전하다, 붉다, 비다, 비대하다, 비등하다, 비슷하다, 비싸다, 비옥하다, 비좁다, 비참하다, 빈곤하다, 빈약하다, 빠듯하다, 빠르다, 빡빡하다, 빨갛다, 빳빳하다, 빵빵하다, 빼곡하다, 빽빽하다, 뾰족하다, 뿌리깊다, 삐뚤다, 사교적이다, 사나이답다, 사내답다, 사람답다, 사랑스럽다, 사소하다, 사치스럽다, 산란하다, 산만하다, 살기등등하다, 삼엄하다, 상이하다, 상큼하다, 새침하다, 새콤달콤하다, 새콤하다, 생경하다, 생기발랄하다, 생생하다, 서글서글하다, 서늘하다, 서릿발같다, 서투르다, 선명하다, 선선하다, 섬세하다, 성글다, 성급하다, 성대하다, 성의없다, 세다, 센티멘털하다, 센티하다, 소란스럽다, 소란하다, 소박하다, 소상하다, 소소하다, 소중하다, 소탕하다, 소홀하다, 속되다, 쇠약하다, 수다스럽다, 수두룩하다, 수려하다, 수북하다, 수상하다, 수선스럽다, 수수하다, 수줍다, 순박하다, 순진하다, 순하다, 숱하다, 슬기롭다, 습하다, 시끄럽다, 시끌벅적하다, 시다, 시들시들하다, 시들하다, 시시콜콜하다, 시시하다, 시원스럽다, 시큼하다, 신기하다, 신비하다, 신선하다, 신성하다, 신속하다, 신실하다, 신중하다, 실하다, 심술궂다, 싱겁다, 싱싱하다, 싸늘하다, 싸다, 쌀쌀하다, 쌉쌀하다, 쌩쌩하다, 썰렁하다, 쏜살같다, 쓰다, 아기자기하다, 아늑하다, 아담하다, 아득하다, 아름답다, 아슬아슬하다, 안녕하다, 안락하다, 안이하다, 안일하다, 안전하다, 알록달록하다, 암울하다, 앙상하다, 앙큼하다, 애교있다, 야들야들하다, 야만스럽다, 야멸차다, 야하다, 약다, 약소하다, 약소하다, 약하다, 얄팍하다, 얇다, 얌전하다, 얕다, 어둡다, 어른답다, 어리다,

어마어마하다, 어수룩하다, 어수선하다, 어슴푸레하다, 어엿하다, 어줍다, 어질다, 어질어질하다, 얼뜨다, 얼룩덜룩하다, 얼음장같다, 얼큰하다, 엄밀하다, 엄숙하다, 엄연하다, 엄정하다, 엉뚱하다, 엉성하다, 엉큼하다, 에로틱하다, 여물다, 여실하다, 연로하다, 연약하다, 연하다, 열렬하다, 열악하다, 엷다, 영롱하다, 영리하다, 영민하다, 영세하다, 영원하다, 옅다, 예리하다, 예민하다, 예쁘다, 예쁘장하다, 옛스럽다, 오동통하다, 오래되다, 오목하다, 오묘하다, 오붓하다, 오색찬란하다, 온건하다, 온난하다, 온당하다, 온데간데없다, 온유하다, 온화하다, 온후하다, 올바르다, 옹색하다, 완곡하다, 완만하다, 완숙하다, 완연하다, 완전하다, 왕성하다, 왜소하다, 외유내강하다, 요란스럽다, 요란하다, 요망하다, 요상스럽다, 요상하다, 요염하다, 요원하다, 용렬하다, 우글쭈글하다, 우락부락하다, 우렁차다, 우리부리하다, 우세하다, 우스꽝스럽다, 우아하다, 우악스럽다, 우중충하다, 우직하다, 울창하다, 웅장하다, 원대하다, 원활하다, 위급하다, 위대하다, 위엄스럽다, 위중하다, 위태롭다, 위태하다, 위험하다, 유난스럽다, 유능하다, 유독하다, 유들유들하다, 유려하다, 유망하다, 유머러스하다, 유명무실하다, 유명하다, 유별스럽다, 유복하다, 유복하다, 유약하다, 유연하다, 유용하다, 유유하다, 유의미하다, 유의하다, 유치하다, 유해하다, 윤택하다, 융성하다, 융숭하다, 으리으리하다, 으슥하다, 은밀하다, 은은하다, 을씨년스럽다, 음란하다, 음산스럽다, 의미심장하다, 의심많다, 이상스럽다, 이상야릇하다, 이채롭다, 익다, 익숙하다, 인상깊다, 인자스럽다, 일정하다, 일천하다, 입싸다, 자그마하다, 자명하다, 자세하다, 자욱하다, 자자하다, 자잘하다, 자질구레하다, 작다, 잔잔하다, 잔학하다, 잘록하다, 잘빠지다, 잠잠하다, 잡다하다, 잡스럽다, 장구하다, 장대하다, 장황하다, 재다, 재미없다, 재주있다, 재치있다, 잽싸다, 쟁쟁하다, 저급하다, 저러하다, 저만하다, 저명하다, 저속하다, 저조하다,

적다, 적당하다, 적막하다, 적절하다, 적정하다, 적합하다, 적확하다, 절교하다, 절묘하다, 절박하다, 절절하다, 젊다, 정갈하다, 정결하다, 정겹다, 정교하다, 정답다, 정밀하다, 정성어리다, 정연하다, 정정하다, 정확하다, 조급하다, 조밀하다, 조속하다, 조숙하다, 조신하다, 조악하다, 조용하다, 조잡하다, 조촐하다, 조화롭다, 존귀하다, 존엄하다, 졸깃하다, 졸렬하다, 졸속하다, 좁다, 주접스럽다, 주책없다, 즐비하다, 지고지순하다, 지고하다, 지긋하다, 지난하다, 지순하다, 지엄하다, 지저분하다, 진귀하다, 진득하다, 진하다, 질기다, 질펀하다, 짙다, 짜다, 짠하다, 짤막하다, 짧다, 짭짤하다, 째지다, 쪼글쪼글하다, 쫀득하다, 쫄깃쫄깃하다, 쫄깃하다, 쭈글쭈글하다, 찝찔하다, 차갑다, 차근하다, 차다, 찬란하다, 찬연하다, 찬찬하다, 참신하다, 창백하다, 창연하다, 창창하다, 처연하다, 처절하다, 처참하다, 척박하다, 천박하다, 천진난만하다, 천진무구하다, 천진하다, 철벽같다, 철저하다, 청결하다, 청량하다, 청백하다, 청순하다, 청정하다, 청초하다, 초라하다, 초롱초롱하다, 초췌하다, 촉박하다, 촉촉하다, 촌스럽다, 촘촘하다, 총총하다, 추악하다, 추잡하다, 추하다, 축축하다, 출중하다, 춥다, 충만하다, 충분하다, 충실하다, 충직하다, 취약하다, 치밀하다, 치졸하다, 칙칙하다, 친근하다, 친밀하다, 친하다, 침침하다, 칼칼하다, 캄캄하다, 컴컴하다, 쾌적하다, 쾌청하다, 퀭하다, 크다, 큼지막하다, 큼직하다, 탁하다, 태산같다, 탱탱하다, 통렬하다, 통크다, 통통하다, 특이하다, 튼튼하다, 파다하다, 파릇파릇하다, 파릇하다, 파리하다, 판이하다, 패기만만하다, 팽팽하다, 퍼석하다, 펄펄하다, 펑퍼짐하다, 편평하다, 편협하다, 평등하다, 평안하다, 평온하다, 평이하다, 평화롭다, 포동포동하다, 폭신하다, 푸릇하다, 푸석하다, 푸짐하다, 풋풋하다, 풍만하다, 풍요롭다, 풍요하다, 풍족하다, 필사적이다, 하얗다, 한가롭다, 한랭하다, 한산하다, 해괴하다, 해롭다, 해묵다, 해박하다, 해밝다, 해이하다,

핸섬하다, 핼쑥하다, 향긋하다, 향기롭다, 허구하다, 허다하다, 허름하다, 허술하다, 허심탄회하다, 허전하다, 헐렁하다, 험난하다, 험악하다, 험준하다, 혁혁하다, 현격하다, 현란하다, 현저하다, 협소하다, 형통하다, 형편없다, 형형하다, 호락호락하다, 호리호리하다, 호방하다, 호사스럽다, 호젓하다, 호쾌하다, 호탕하다, 호화롭다, 호화스럽다, 호화찬란하다, 혼란스럽다, 혼잡스럽다, 홀쭉하다, 화기애애하다, 화끈하다, 화려하다, 화목하다, 환하다, 황량하다, 획기적이다, 후덕하다, 후덥지근하다, 훈훈하다, 훌륭하다, 훤칠하다, 휘황찬란하다, 휘황하다, 흉악하다, 흉측하다, 흉하다, 흐리다, 흐릿하다, 흐뭇하다, 흡사하다, 흥건하다, 흥미진진하다, 희다, 희미하다, 희박하다, 희한하다, 힘없다, 힘있다

성질(평가)

가증스럽다, 가혹하다, 각박하다, 간사하다, 강인하다, 강직하다, 거만하다, 게으르다, 게을러빠지다, 게을러터지다, 결백하다, 겸손하다, 겸허하다, 경망스럽다, 경박하다, 경솔하다, 고결하다, 고달프다, 고상하다, 고지식하다, 공손하다, 관대하다, 교만하다, 교활하다, 극성스럽다, 근검하다, 근면하다, 근엄하다, 까다롭다, 까탈스럽다, 깐깐하다, 꼼꼼하다, 나긋나긋하다, 나긋하다, 나태하다, 낯두껍다, 냉엄하다, 냉정하다, 냉철하다, 너그럽다, 넉살좋다, 능청스럽다, 다정하다, 대담하다, 대범하다, 대쪽같다, 도도하다, 독실하다, 둔감하다, 둔중하다, 둔탁하다, 둔하다, 똑똑하다, 매몰차다, 매섭다, 맹하다, 모질다, 무덤덤하다, 무디다, 무뚝뚝하다, 무식하다, 묵묵하다, 묵직하다, 미련스럽다, 미련하다, 믿음직하다, 바지런하다, 방자하다, 방정맞다, 방탕하다, 뱃심좋다, 변덕스럽다, 부덕하다, 부도덕하다, 불친절하다, 뻔뻔

스럽다, 뻰뻰하다, 삐딱하다, 사납다, 사뿐하다, 사악하다, 살뜰하다, 상냥하다, 소신있다, 소심하다, 소탈하다, 솔직하다, 수더분하다, 시원시원하다, 시큰둥하다, 신경질적이다, 심통맞다, 싹싹하다, 쌀쌀맞다, 쌀쌀하다, 씩씩하다, 악독하다, 악랄하다, 애교스럽다, 야단스럽다, 야비하다, 야심만만하다, 약아빠지다, 어른스럽다, 어리석다, 억척스럽다, 엄격하다, 엄하다, 여리다, 영악스럽다, 영악하다, 영특하다, 온순하다, 옹졸하다, 완고하다, 완벽하다, 요망스럽다, 요사스럽다, 용감하다, 용기없다, 용기있다, 용맹스럽다, 용맹하다, 용의주도하다, 우둔하다, 우매하다, 우유부단하다, 위풍당당하다, 유순하다, 유식하다, 음울하다, 음침하다, 음탕하다, 음험하다, 음흉스럽다, 음흉하다, 의롭다, 의연하다, 의젓하다, 인색하다, 인자하다, 인정없다, 자비하다, 자상하다, 자신있다, 자애롭다, 자혜롭다, 잔악하다, 잔인하다, 잔혹하다, 저질이다, 정숙하다, 정숙하다, 정의롭다, 정직하다, 조심성있다, 주도면밀하다, 지독스럽다, 지독하다, 지혜롭다, 진솔하다, 진실하다, 집요하다, 짓궂다, 징글맞다, 쫀쫀하다, 차분하다, 착실하다, 착잡하다, 착하다, 채신머리없다, 채신없다, 천연덕스럽다, 청렴하다, 청빈하다, 총명하다, 친절하다, 칠칠맞다, 침착하다, 쾌활하다, 탐욕스럽다, 태평스럽다, 털털하다, 티없다, 포악스럽다, 포악하다, 표독하다, 품위있다, 허풍스럽다, 헤프다, 현명하다, 현숙하다, 호기스럽다, 호기심있다, 호들갑스럽다, 활달하다, 활발하다, 효성스럽다, 흐리멍텅하다,

순수평가

가능성없다, 가능하다, 가당찮다, 가소롭다, 가차없다, 가치있다, 가하다, 각별하다, 감미롭다, 감쪽같다, 갑작스럽다, 값지다, 강렬하다, 같다, 개떡같다, 갸륵하다, 거지같다, 거짓되다, 거짓스럽다, 거침

없다, 건전하다, 걸맞다, 경사스럽다, 경이롭다, 고되다, 고래등같다, 고유하다, 곤란하다, 곤핍하다, 공공연하다, 공교롭다, 공명정대하다, 공명하다, 공연하다, 공정하다, 과격하다, 과년하다, 과장스럽다, 과하다, 관계없다, 관계있다, 관심없다, 관심있다, 광포하다, 광폭하다, 괜찮다, 구질구질하다, 구차하다, 구태의연하다, 궁상맞다, 궂다, 균형있다, 그럴싸하다, 그만하다, 그지없다, 극난하다, 극하다, 금수같다, 급급하다, 급박하다, 급작스럽다, 급하다, 기세등등하다, 기약하다, 기탄없다, 기하다, 긴급하다, 긴밀하다, 긴요하다, 길하다, 까딱없다, 까마득하다, 깍듯하다, 깜쪽같다, 꼴같잖다, 꼼짝없다, 꾸준하다, 꿈같다, 꿈결같다, 끄떡없다, 끝없다, 나쁘다, 납덩이같다, 남부럽다, 남부럽잖다, 남짓하다, 낫다, 낭패스럽다, 너끈하다, 노련하다, 능란하다, 능수능란하다, 능통하다, 다름아니다, 다름없다, 다시없다, 단조롭다, 단호하다, 담대하다, 당연하다, 당찮다, 대중없다, 대차다, 덧없다, 독특하다, 독하다, 동등하다, 동일하다, 딱부러지다, 또렷하다, 똑바르다, 뚜렷하다, 뚱딴지같다, 뛰어나다, 뜬금없다, 뜸하다, 뜻깊다, 로맨틱하다, 마땅찮다, 마땅하다, 막강하다, 막대하다, 막심하다, 막중하다, 만만하다, 만무하다, 만연하다, 망연하다, 명예롭다, 목석같다, 몰상식하다, 몰염치하다, 몰인정하다, 몰지각하다, 못되다, 못미덥다, 무가치하다, 무감각하다, 무고하다, 무관심하다, 무관하다, 무구하다, 무궁무진하다, 무궁하다, 무기력하다, 무난하다, 무능력하다, 무던하다, 무력하다, 무모하다, 무미하다, 무방하다, 무분별하다, 무상하다, 무색하다, 무성의하다, 무엄하다, 무의미하다, 무익하다, 무자비하다, 무절제하다, 무정하다, 무지막지하다, 무지몽매하다, 무질서하다, 무참하다, 무책임하다, 무취미하다, 문제없다, 물샐틈없다, 물씬하다, 뭣하다, 미묘하다, 미흡하다, 바람직하다, 박복하다, 박식하다, 박하다, 박학다식하다, 발칙하다, 벅차다, 벅차다, 벌떼같다, 변함없다, 별수없다, 보람차다, 보배롭다, 보통이다, 부단하다, 부당하다, 부득이하다, 부들부들하다, 부적당하다, 부적절하다, 부정확하다, 분별없다, 분분하다, 분연하다, 불가능하다, 불가사의하다, 불가피하다, 불경하다, 불공평하다, 불규칙하다, 불길하다, 불리하다, 불명확하다, 불분명하다, 불성실하다, 불순하다, 불안정하다, 불우하다, 불운하다, 불평등하다, 불필요하다, 불합리하다, 불확실하다, 비릿하다, 비범하다, 비상하다, 비슷비슷하다, 비장하다, 비정하다, 비천하다, 빠짐없다, 빼어나다, 뻔하다, 사실무근하다, 사정없다, 살벌하다, 삼삼하다, 상관없다, 상관있다, 상당하다, 상서롭다, 색다르다, 색스럽다, 생소하다, 샤프하다, 서슴없다, 세밀하다, 세세하다, 세심하다, 손쉽다, 수월하다, 숙달하다, 쉽다, 시급하다, 시름없다, 신기롭다, 신통방통하다, 신통하다, 실속없다, 실속있다, 심각하다, 심대하다, 심도있다, 심오하다, 심하다, 십상이다, 싶다, 싹수없다, 아깝다, 아낌없다, 아둔하다, 아련하다, 아리송하다, 악착같다, 악하다, 알뜰살뜰하다, 알뜰하다, 알량하다, 알맞다, 애매모호하다, 어김없다, 어렵다, 어림없다, 어정쩡하다, 어중간하다, 어쭙잖다, 억세다, 억척같다, 엄중하다, 엄청나다, 엇비슷하다, 에누리없다, 여간하다, 여유작작하다, 여전하다, 여차하다, 연연하다, 열등하다, 열심이다, 영광되다, 영광스럽다, 영락없다, 영예롭다, 영험하다, 영화롭다, 예사롭다, 오죽하다, 옳다, 완강하다, 완패하다, 외람되다, 요긴하다, 욕되다, 용서없다, 용이하다, 용하다, 우수하다, 우월하다, 웬만하다, 위험스럽다, 위험천만하다, 유감있다, 유구하다, 유난하다, 유력하다, 유례없다, 유리하다, 유익하다, 유일무이하다, 유일하다, 유창하다, 유하다, 유한하다, 유효하다, 육중하다, 은혜롭다, 의미없다, 의미있다, 이롭다, 이르다, 이름없다, 이만저만하다, 이만하다, 이상없다, 이유없다, 익살스럽다, 인간답다, 인정사정없다, 인정스럽다, 일목요연하다, 일사불란하다, 자연스럽다, 자유스럽다, 장난스럽다, 장렬하다, 장엄하다, 장중하다, 잦다, 재수없다, 저능하다, 적나라하다, 전능하다, 전도양양하다, 전무하다, 전무후무하다, 전지전능하다, 정당하다, 정성스럽다, 정정당당하다, 조심성없다, 조심스럽다, 쥐꼬리만하다, 쥐방울만하다, 주옥같다, 주요하다, 주제넘다, 준엄하다, 중대하다, 중요하다, 중후하다, 지각없다, 지극하다, 지나치다, 지당하다, 지대하다, 진기하다, 진배없다, 진부하다, 진심이다, 진중하다, 진지하다, 참답다, 참혹하다, 천덕스럽다, 천연하다, 천연하다, 철두철미하다, 철석같다, 철통같다, 첨예하다, 초연하다, 추상같다, 치열하다, 타당하다, 타이트하다, 탁월하다, 탄탄하다, 탄탄하다, 태만하다, 태연하다, 태평하다, 턱없다, 투철하다, 특수하다, 특유하다, 틀림없다, 파란만장하다, 패악스럽다, 편리하다, 편찮다, 편하다, 평범하다, 평정하다, 평탄하다, 푸근하다, 풍부하다, 풍성하다, 필요하다, 한가하다, 한량없다, 한심하다, 할일없다, 합당하다, 허무맹랑하다, 허물없다, 허황되다, 헌신짝같다, 헛되다, 호되다, 혹독하다, 혹심하다, 혼란하다, 혼미하다, 혼잡하다, 혼탁하다, 화급하다, 화사하다, 화창하다, 화평하다, 확고하다, 확실하다, 확연하다, 황공하다, 황급하다, 후하다, 흔하다

심리

가뿐하다, 가상하다, 가슴아프다, 가엾다, 갑갑하다, 개운하다, 거뜬하다, 거북하다, 거추장스럽다, 걱정스럽다, 겸연쩍다, 경악스럽다, 고난스럽다, 고단하다, 고단하다, 고독하다, 고맙다, 고통스럽다, 곤욕스럽다, 곤혹스럽다, 공연스럽다, 공허하다, 과분하다, 괘씸스럽다, 괘씸하다, 괴롭다, 구슬프다, 굴뚝같다, 궁금하다, 권태롭다, 귀찮다, 근심스럽다, 기막히다, 기쁘다, 꺼림칙하다, 끔찍스럽다, 끔찍하다, 나른하다, 낯간지럽다, 낯뜨겁다, 낯부끄럽다, 낯설다, 낯익다, 노엽다, 눈

꼴사납다, 눈꼴시다, 눈꼴시리다, 다행스럽다, 달갑다, 답답하다, 대견하다, 대단하다, 덤덤하다, 든든하다, 따분하다, 떨떠름하다, 떳떳하다, 막막하다, 만족스럽다, 망신스럽다, 망측하다, 머쓱하다, 명예스럽다, 못마땅하다, 몽롱하다, 묘하다, 무섭다, 무시무시하다, 무안하다, 뭉클하다, 미덥다, 미쁘다, 미안스럽다, 민망하다, 밉다, 밉살스럽다, 번거롭다, 번잡스럽다, 부끄럽다, 부담스럽다, 부럽다, 분하다, 불만스럽다, 불만족스럽다, 불명예스럽다, 불미스럽다, 불쌍하다, 불안하다, 불유쾌하다, 불쾌하다, 불편하다, 뾰루퉁하다, 뿌듯하다, 상쾌하다, 서글프다, 서럽다, 서먹하다, 서운하다, 섧다, 섬뜩하다, 섭섭하다, 성가시다, 새삼스럽다, 쇼킹하다, 속시원하다, 손부끄럽다, 수고스럽다, 수상쩍다, 슬프다, 시무룩하다, 시원섭섭하다, 실망스럽다, 싫다, 심난하다, 심란하다, 심심하다, 싱숭생숭하다, 쑥스럽다, 쓸쓸하다, 씁쓰레하다, 씁쓸하다, 아쉽다, 아찔아찔하다, 아찔하다, 안쓰럽다, 안타깝다, 알쏭달쏭하다, 암담하다, 애닯다, 애석하다, 애잔하다, 애절하다, 애처롭다, 애통하다, 애틋하다, 야릇하다, 야속하다, 얄밉다, 어리둥절하다, 어리벙벙하다, 어색하다, 억울하다, 얼떨떨하다, 염려스럽다, 외롭다, 울적하다, 원망스럽다, 원통하다, 유감스럽다, 유쾌하다, 으스스하다, 으쓱하다, 음산하다, 의기양양하다, 의문스럽다, 의심스럽다, 의아스럽다, 의아하다, 자신만만하다, 적적하다, 족하다, 좋다, 죄송스럽다, 죄송하다, 죄스럽다, 증오스럽다, 지겹다, 지긋지긋하다, 지루하다, 징그럽다, 짜릿짜릿하다, 짜릿하다, 짜증스럽다, 찜찜하다, 참담하다, 창피하다, 처량하다, 천만다행하다, 초조하다, 측은하다, 치사스럽다, 치사하다, 치욕스럽다, 침울하다, 침통하다, 통쾌하다, 퉁명하다, 편안하다, 피곤하다, 피로하다, 한스럽다, 행복하다, 허망하다, 허무하다, 허탈하다, 혐오스럽다, 호강스럽다, 황당무계하다, 황당하다, 황망하다, 황송하다, 홀가분하다, 후련하다, 후회스럽다, 흔쾌하다, 흡족하

다, 희망차다, 힘겹다

순수형상

거무스레하다, 거무죽죽하다, 검푸르다, 고요하다, 곱슬곱슬하다, 공고하다, 구부정하다, 그득그득하다, 그득하다, 글썽글썽하다, 글썽하다, 까무스름하다, 까무잡잡하다, 까슬까슬하다, 꺼칠하다, 꼬들꼬들하다, 꾸부정하다, 너덜너덜하다, 네모나다, 노릇하다, 들쑥날쑥하다, 듬성듬성하다, 뚱뚱하다, 뚱하다, 물렁물렁하다, 반질반질하다, 발그레하다, 발랄하다, 불그스레하다, 불투명하다, 뻰질나다, 뽀얗다, 뿌옇다, 보들보들하다, 보송보송하다, 섹시하다, 어두컴컴하다, 어둑어둑하다, 어둑하다, 올록볼록하다, 올망졸망하다, 울긋불긋하다, 울퉁울퉁하다, 유사하다, 자옥하다, 추잡스럽다, 카랑카랑하다, 토실토실하다, 토실하다, 푹신푹신하다, 푹신하다, 후줄근하다

감각

가렵다, 가쁘다, 간지럽다, 고프다, 깔깔하다, 노곤하다, 더부룩하다, 더부룩하다, 더북하다, 따갑다, 따끔하다, 마렵다, 매캐하다, 메스껍다, 배부르다, 뻐근하다, 뻑뻑하다, 속쓰리다, 시큰하다, 쓰리다, 아프다, 어지럽다, 으슬으슬하다, 쭈뼛하다, 찌릿하다, 찡하다, 출출하다, 텁텁하다

김건희

대전 출생
서울대학교 언어학과 졸업
동 대학원 언어학과 졸업(문학 석사, 문학 박사)

서울대학교 인문대학 BK21 국어표준화사업, 연수연구원
경희대학교 인문학연구원, 학술연구교수
한국과학기술원(Kaist) 인문사회과학부, 박사후연구원
서울대학교, 충남대학교, 청주교육대학교 강사 역임

현재 충남대학교, 청주교육대학교 강사

주요 논문으로는
「'N 같다', 'N같다'에 대한 연구-합성어로서 사전에 등재해야 하는 'N같다' 판별을 중심으로-」, 「한국어 형용사와 비대격」, 「'밖에'의 의미와 형태-문법화 현상을 중심으로-」, 「'의존명사+하다'에서 '의존명사'의 자리 찾기」 외 다수

한국어 형용사의 논항 구조 연구

초판 1쇄 인쇄 2011년 2월 21일 **초판 1쇄 발행** 2011년 2월 28일
지은이 김건희 **펴낸이** 박성복 **펴낸곳** 도서출판 월인
등록번호 제6-0364호 등록일 1998. 5. 4.
주소 142-879 서울특별시 강북구 수유2동 252-9
대표전화 (02) 912-5000 팩스 (02) 900-5036
e-mail worinnet@hanmail.net homepage http://www.worin.net

ISBN 978-89-8477-489-6 93710

값 10,000원